NARUCHAN SURVIVAL DIARY

AMERICA

AMEHARE

///

NARUCHAN

本文冒頭に掲載されている
「虹色のドロップ」原稿。
17歳のとき、課題で書いたもの。

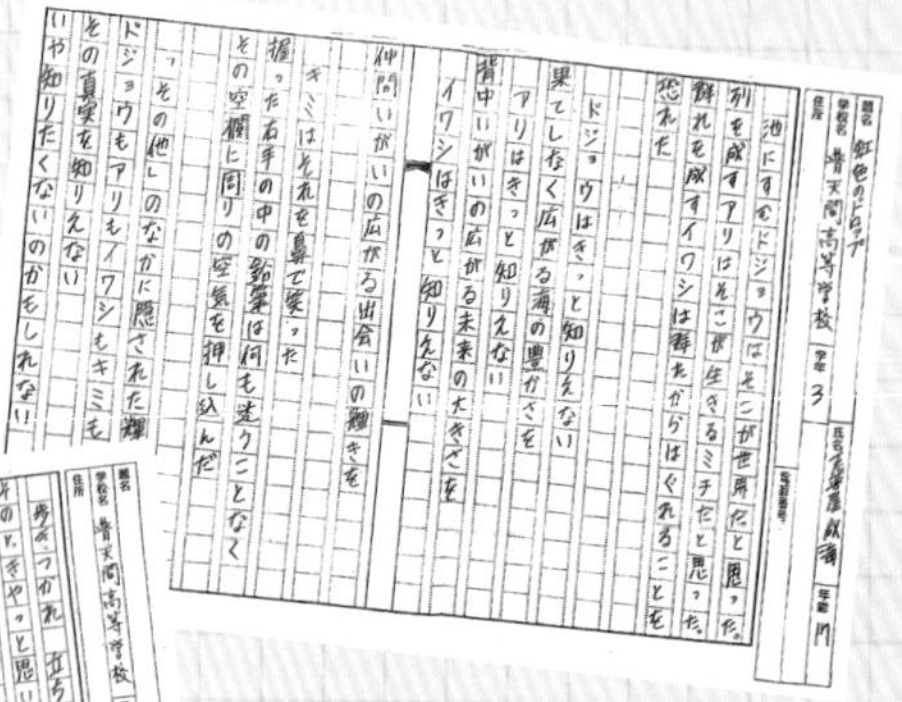
題名 虹色のドロップ
学校名 普天間高等学校 学年 3

池にすむドジョウはそこが世界だと思った。
列を成すアリはそこが生きるミチだと思った。
群れを成すイワシは群れからはぐれることを
恐れた

ドジョウはきっと知りえない
果てしなく広がる海の豊かさを
アリはきっと知りえない
背中いがいの広がる未来の大きさを
イワシはきっと知りえない
仲間いがいの広がる出会いの輝きを

キミはそれを鼻で笑った
握った右手の中の鈴蘭は何も迷うことなく
その空欄に同りの空気を押し込んだ

「その他」のなかに隠された輝
ドジョウもアリもイワシもキミも
その真実を知りえない
いや知りたくないのかもしれない!

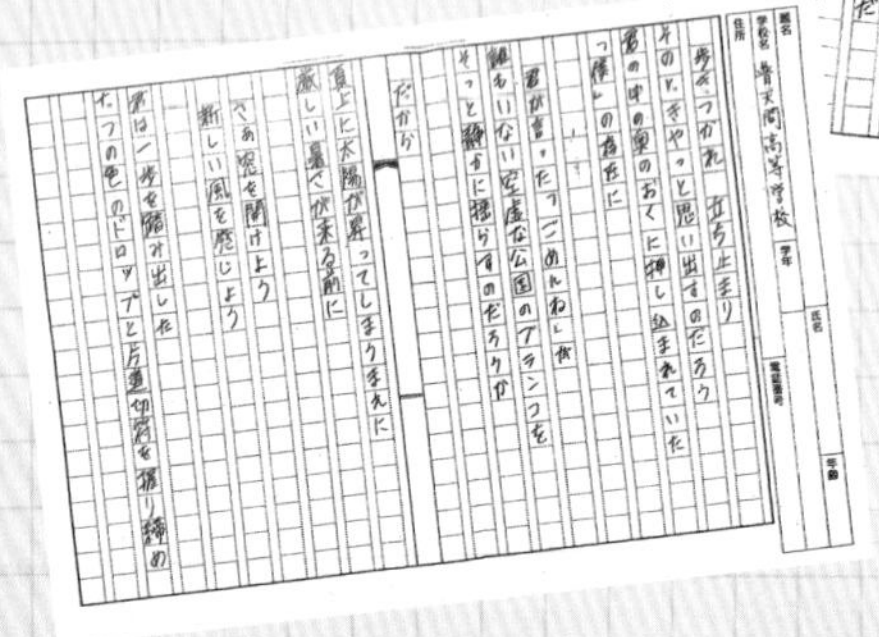
学校名 普天間高等学校

歩きつかれ 立ち止まり
そのときやっと思い出すのだろう
君の中の奥のおくに押し込まれていた
「僕」の存在に

君が言った「ごめんね」と僕
誰もいない空虚な公園のブランコを
そっと静かに揺らすのだろうか

だから
頂上に太陽が昇ってしまうまえに
厳しい暑さが来る前に

さあ窓を開けよう
新しい風を感じよう

君は一歩を踏み出した
七つの色のドロップと片道切符を握り締め

2010

留学先の高校で
オズの魔法使いの
時の公演

OCT.
2010

ホストファミリーとの
関係に悩み
激太りしていたとき

2012

5人で生活していた
コンドミニアム

DEC.
2012

短大時代
料理中にアクシデント

SEP.
2014

ラスベガスに
移動

2015

訪問販売
時代の友達と

MAR.
2016

サンとうまくいかず、
精神的に疲労が
溜まり、徐々に
痩せ始めた頃

NOV.
2016

大学の寮にて。
（SNSを真剣に
取り組み始めた頃）

FEB.
2017

エリカと！

2017

シノブさん家で
借りていた部屋
（前住んでいた、
オリビアの趣味で青色）

FEB.
2018

ヒューストン大学で
留年した時受講した
クラスで撮った写真

FEB.
2019

大学院での
プレゼン風景

JAN.
2021

コロナ禍で
卒業式に出れず
写真だけでもと
ジェイコブ（旦那）の
実家で撮影

私はアメで、明日は晴れで

なるチャン

虹色のドロップ

～志喜屋成海17歳の苦悩と決意～

池にすむドジョウはそこが世界だと思った
列を成すアリはそこが生きるミチだと思った
群れを成すイワシは群れからはぐれることを恐れた

ドジョウはきっと知りえない
果てしなく広がる海の豊かさを
アリはきっと知りえない
背中いがいの広がる未来の大きさを
イワシはきっと知りえない
仲間いがいの広がる出会いの輝きを

キミはそれを鼻で笑った
握った右手の中の鉛筆は何も迷うことなく
その空間に回りの空気を押し込んだ
「その他」のなかに隠された輝きを
ドジョウもアリもイワシもキミも
その真実を知りえない
いや知りたくないのかもしれない

歩きつかれ　立ち止まり
そのときやっと思い出すのだろう
君の中の奥のおくに押し込まれていた
「僕」の存在に

君が言った「ごめんね」が
誰もいない空虚な公園のブランコを
そっと静かに揺らすのだろうか

だから
真上に太陽が昇ってしまうまえに
厳しい暑さが来る前に

さぁ窓を開けよう
新しい風を感じよう

君は一歩を踏み出した
七つの色のドロップと片道切符を握りしめ――

CONTENTS

プロローグ

0

予測できる未来への恐怖と私の衝動

今考えてみれば〝アメリカ〟という国も文化も、私にとってはかなり身近なものだったと思う。

3つ上の兄は2歳から6歳までインターナショナルスクールに通っていたし、物心ついた頃からアメリカ軍のジェット機が入道雲を引きちぎるように飛んでいた。外を歩けば軍人さんとすれ違い、父がよく足を運んでいたミリタリーショップのオーナーは、30年以上日本に住んでいるのに「こんに⤴ち⤵わ⤴」しか言えないアメリカ人だったりもした。

どれもこれも私の日常であり、それ以上でも以下でもなかった……はずだった。だが小学4年生のときに参加したミュージカルが好評で、2004年にハワイ公演が決まり、参加者全員でアメリカの地に降り立つことになった。

正直その旅で覚えていることといえば、日系のスーパーで買った美味《おい》しくないポーク卵おにぎりの味と、公演後に感じた「英語が喋《しゃべ》れたらこの感動をもっと多くの人と共有できるのに」というほろ苦い思いだけ。

それ以来**「いつかアメリカに留学する」という漠然とした気持ち**は芽生えたが、たかだか11歳の私の周りに留学を考えている人はいるはずもなく、頭の片隅にしまったまま周りの空気に流され中学生活を過ごした。

そして高校に入学。「高校デビュー」を胸に向いてない部活に入部、中学とは違う自分を模索し始めた頃、初めてアメリカ留学を実行に移すクラスメイトに出会った。

彼女は積極的に情報収集し、奨学金の存在を入学する前から知った上で計画的に進めていた。

「奨学金があるのか」

私の中の〝何か〟が疼《うず》く。それはバオバブの木が根を張るように、ものすごい速さで思考を支配する。

部活をしていても、友達と話していても、朝も昼も夜も、「留学」の2文字が頭から離れない。

「このまま流されていいのかな」そう思い始めたある日、ノートにふと今後の人生設計を描いてみた。

▼留学しない道：高校卒業→大学入学→会社に就職（もしかしたら上京）→結婚→出産→子育て→死

あまりに予期しやすい人生。

外は真夏かと思うほど暑く、太陽がグランドで走る生徒の肌を黄金色に焦《こ》がしていたが、私は冷水をあびたように身震いした。


「いやだ」

▼留学する道：高校留学→卒業→？

想像できなかった。だが、それが私をワクワクさせる。

「もしかしたら今の自分以上の〝何か〟に成れるかもしれない」いてもたってもいられず、クラスメイトに話を聞き、資料を集め、先生と両親に相談した。

『北米・ヨーロッパ・アジア派遣生』募集まであと8ヶ月、必須資格は英検準2級。

現時点で英検4級の私は、お世辞にも「要領がよい」とはいえない。これからのタスクを逆算してみると、持っている全ての時間を英語学習に費やさなければ間に合わないのは明らかだった。

入ったばかりの部活のメンバーに「留学したいから辞める！」と宣言し、バックドアを閉める。

全てを賭けてみたかった。16歳、一世一代のギャンブルだ。

7ヶ月後、私は英検準2級を合格ラインのわずか1点越えで取得し、派遣選考の一次・筆記試験をどうにか通過。そして二次の日本語と英語の面接を気合いで乗り越え、高校2年の冬、私は晴れてアメリカ留学の切符を手に入れた。

高校3年の5月、配られた進路希望調査票の空欄に「留学」と誇らしげに記入。

これから私にどんな未来が待ち受けているのかわからない。だがそれでよかった。

そして私は長い旅に出る、片道切符を握りしめ……。

WARNING

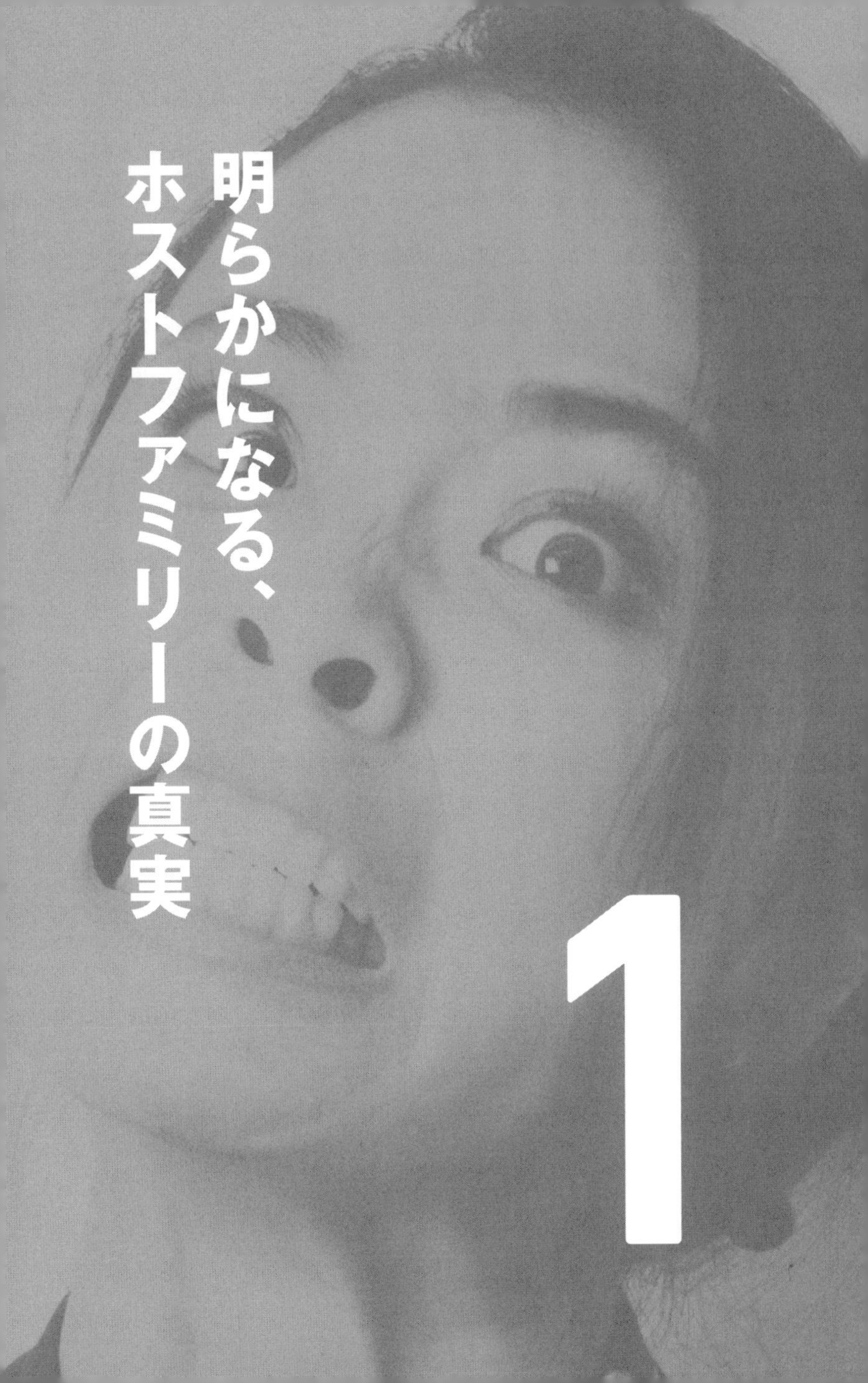

1

明らかになる、ホストファミリーの真実

旅立ち

私の選択は、本当に正しかったのだろうか？

那覇空港には思いのほか多くの友達が見送りに来ており、エベレスト並みに高いプライドとノミの心臓をあわせ持つ私は、皆が見えなくなるまで気丈に振る舞いながらセキュリティーチェックのアーチを通り抜けた。

その演技力は『世界の中心で、愛をさけぶ』で主人公・朔太郎《さくたろう》を演じた大沢たかおに匹敵するものだったと思う。

成田発・午前の便でアメリカへ発つため1日早い東京入り。心情がそうさせるのか、東京の街はとても冷たく感じる。サラリーマンのどことなく冴えない顔は、未来を予想しているみたいだ。

「帰りたい……」

何度もそう思う自分に嫌気がさした。

その日の夜、早速両親に「1年会えないのが不安、怖いです」とメッセージを送ると、父から「**ピンチはチャンス、大変は大きくなる薬、楽しみなさい、君ならできる**」と返信があった。

父の言葉をお経のように繰り返しながら眠りにつく。

とうとう出発の日がやって来た。

身長の半分以上もある巨大なスーツケースを右手に、キャリーオンにしては少し大きめの小型スーツケースを左手に、そして亀の甲羅のようなどでかいリュックを背中に担ぎ、ビジネスホテルを出る。

不慣れな街に、迷路のような東京メトロ、加えて想像以上に重い荷物。**不安で押しつぶされて死ぬ前に、自分で持ってきた荷物に押しつぶされて死ぬほうが先だなと思った。**

成田空港では、アメリカに向かう全国各地の学生が集まっており、各々にグループができ上がっている。ここにいる皆が、同じ境遇の運命共同体……少しだけほっとした。

そして搭乗案内アナウンスで、留学生は列に並び一人一人ゲートを抜けていく。握ったチケットが手汗でシワシワになるまでに、数分もかからなかった。

最初の難関はすぐに私のもとにやって来る。

機内の空気が乾燥しているせいか、それとも自分自身の異常な緊張のせいか、やたらと喉が渇いた。すぐにでも水を頼みたかったが、フライトアテンダント全員が留学生に気を使い英語で喋りかけている。

「日本語でいいじゃん……」

かなり限界のところまで粘ったが、口の中がサハラ砂漠並みにカラッカラになりかけていたので、仕方なくコールボタンを押した。

「英語で話しかけなきゃ。でもなんて言えばいい？　水＝Water、くださいは……Pleaseだな、よし!!!」騒音でかき消されるぐらいの小さな声で練習。

数分後、フライトアテンダントが目の前に現れた……が、その途端に頭が真っ白になった。

「あの……」言葉が出てこない。私の薄っぺらいボキャブラリーブックは機内の乾燥で風化してしまったのだろうか？

数秒の沈黙……いや……私には相対性理論かのごとく、数十分にも感じられる。

その様子を見かね、〝Water please.〟隣に座っていた留学仲間の男の子が、流暢《りゅうちょう》な英語で私の代わりに頼んでくれた。

惨《みじ》めな自分を突きつけられたような気がしてよけいに涙が出そうになる。

「たった2つの単語なのに」

この先のことを思うと何も喉を通らなかった。

ホストファミリーとの対面

最初に到着したのはウィスコンシン州、そこで1週間のランゲージキャンプを受け、いよいよ、デトロイト行きの飛行機に搭乗した。

1時間ぐらい経っただろうか？　緊張しすぎて何も覚えていない。

プールに飛び込むみたいに息を止め、苦しくなって大きく深呼吸する……。徐々に呼吸が乱れ始め、大量の脇汗とは裏腹に足先が凍えるように寒かった。

ホストファミリーの住むミシガン州・デトロイト空港に着いた。私と同じ地域（デトロイト近郊）に配属された生徒と共に、長いトンネルを抜けて到着ロビーに向かう。角を曲がった瞬間、私の名前が書いてあるプラカードと、それを笑顔で持つ家族の姿が見えた。

「よかった、いい家族そうだ」

最初は手を振って合図をしようかとも思ったが、後ろの人に迷惑をかけたくなかったので、軽く会釈《えしゃく》した。

トゥイードルダムとトゥイードルディー？

迎えに来てくれたのは、ホストマザーにホストファザー、二人のホストシスターに、小学生ぐらいのホストブラザーだった。

ホストマザーは金髪のベリーショートで、身長は割と高め。体型はどことなくベイマックスのシルエットに似ていて、そのせいか親しみやすい印象を受けた。

一方、ホストファザーは白髪交じりのロン毛を後ろに束ねていて、話すと少し強めのアクセントがある。

ホストマザーは私に“Welcome to America!”と軽快に言い、彼らに促され車へと向かった。

てくてく私の先を歩くホストペアレンツの姿は、『不思議の国のアリス』のキャラクター、トゥイードルダムとトゥイードルディーにそっくりだった。

それに比べて、子供たちはかなり痩《や》せている。

二人のホストシスターは2歳離れているが双子のようで、どちらもモデルみたいに細く、ホストブラザーは小学生ぐらいだろうか？　絹のような光沢のあるブラウンヘアーが特徴的で、その小さな顔には大きすぎる黒縁メガネをかけていた。

デトロイトはリアル『The Walking Dead』？

家に向かう道中で驚愕。デトロイトの街は私が想像していたよりも何十倍もひどく荒れ果てていた。古びた建物の窓ガラスはほぼ全て破られており、壁にはグラフィティ、そして道行く人には生気が感じられない。まるで『The Walking Dead』の世界観を街全体に張り巡らせたようだった。

「なんだこの街は……」

かなり困惑している私を見たホストファザーは、デトロイト近郊に住む者が注意しなければならない「暗黙のルール」を教えてくれた。

1　赤信号では完全停止はしないこと。ブレーキを踏み込まず常にフルスピードで発進できる状態にする。でないとちょっとした隙に強盗に金目の物は全て盗まれるから。

2　昼でも夜でも関係なく女性一人では絶対にデトロイトの街を歩かないこと。強姦されて殺されるから。

3　デトロイトで車を止める際は、絶対に小銭を出しっぱなしにしないこと。それを狙って車の窓ガラスを割られるから。

英語が聞き取れなかったはずなのに、なぜかこの注意点だけは鮮明に覚えている。

動物は危険を察知すると鼻や空気感で嗅《か》ぎつけられると言うが、まさか私は彼の英語を動物的本能で感じ取ったのだろうか？　なんにせよ、このルールはここで生きていくための心得として頭に叩き込んだ。

（私の留学プログラムが終わった2年後の２０１３年7月18日、米デトロイト市は米連邦破産法第９条の適用を申請し、財政破綻している）

私の知らない家族の形？

40分後、ホストファミリーの家に着いた。

家自体は平家で外から見ればこぢんまりとした印象だが、敷地面積が広く、裏庭に小川まで流れている。

ホストマザーがハウスツアーをしてくれたが、なぜか地下室の記憶だけがいまだに曖昧《あいまい》だ。バーっぽいものがあったような気もするし、違った気もする。

このホストファミリーとの関係に終止符を打った出来事がそこで起きたせい

か、今でも記憶の引き出しに鍵をかけたまま、開けられずにいるのかもしれない。

最後に長女の部屋に案内され、二段ベッドの上を提供された。これからは、彼女のルームメイトになるらしい。そこに一旦荷物を置き、家族が待つリビングルームへ向かった。

最初より緊張も少し緩み単語単語をつなぎ合わせながら「日本から持ってきたギフトです」とそれぞれに渡していった。

そうこうするうちに、もう一人のホストブラザーが帰ってきた。体はきょうだいの誰よりも細く、身長が高かった。髪の毛は真っ黒で天然パーマ、そのせいで被っていたニット帽からはみ出るようにカールしている。まるで、「ONE PIECE」の青キジ（クザン）のヘアスタイルを実写化したようだ。

挨拶しようと立ち上がった瞬間、彼とホストファザーの間で口喧嘩《くちげんか》が勃発《ぼっぱつ》した。口論は長男の反抗的な態度によりどんどんエスカレート。お互いの怒鳴り声は大きくなり、ホストファザーの地団駄が振動となって家全体に響き始める。

今にも取っ組み合いになりそうだった。

私は、あまりの恐ろしさに必死で息を潜《ひそ》める。できるだけ存在感を消し、置物みたいにソファーに座ってその場を耐えしのいだ。目だけで周りを見回してはみたが、誰も何も言わない。

ホストファザーが長男に向かって1歩踏み出したそのとき、"Enough!"とホストマザーが間に入り、半ば無理矢理口喧嘩を終了させた。

「よかった、やっと終わった……」そっと顔を上げると、奇妙な光景が広がった。

ホストファザーは平然と息子に「愛している」と言い、娘たちはそれぞれにもとの作業に戻る。まるで一時停止した動画の再生ボタンを押したかのようだった。

「えっ？」目を見張った。

だが私は経験の乏しい17歳。

「これはアメリカ流のコミュニケーションの取り方なのかもしれない」と受け流すことにした。

お出かけと一人ぼっち

私が留学先に到着したのは夏休み期間中だったので、その間は博物館やデトロイトで有名なオールド・カー・フェスティバル、そして近所のスーパーからアジアンマーケットまで色々連れて行ってもらった。**初めて見る、そして体験する事柄に驚きと戸惑いを覚えながらも、異世界の生活を噛み締めていた。**

ホストファミリーの親切心に対して素直に言葉で感謝を伝えたいが、やはり私にはハードルが高すぎる。少ない口数を補うため、夕食作りや掃除の手伝いをしたり、手料理を振る舞ったり……できるだけ彼らの負担にならないよう心がけた。

だが、やはりもどかしい。英語が喋れない、聞き取れない悔しさは、まるで喃語《なんご》期に逆戻りした感覚だった。

一刻も早くその現状を打破したかった私は、暇さえあれば持参した英語教材を読み深め、毎朝Disneyチャンネルを流し見しながら、夜遅くまで勉強に励んだ。

ホストペアレンツそして次男の話す英語は、彼らが気を使ってゆっくり話してくれていたお陰で、かろうじて理解することができた（理解できたと言っても単語を一つか二つ聞き取れる程度）。

だが、年が近い長女、次女、そして長男の話す英語についていくのは至難の業。彼らには突然やって来た留学生をケアする心の余裕も、時間もなかったため、私が一つの質問を答えるのに時間がかかりすぎると、違う話に逸《そ》れていった。

話題を変えられる度に「仕方ない」と思うものの、「日本語だったらもっと楽しい話ができるのに……」と歯痒《はがゆ》い。

そんなある日、長女が「近くのショッピングモールに行かない？」と誘ってくれた。「私との関係を深めようとしてるのかも」と嬉《うれ》しくなったが、完全に的外れだった。

モールにつき、長女は友達3人と彼女のボーイフレンドを私に紹介した。一対一のコミュニケーションもままならないのに、いきなりアメリカ人高校生5人に囲まれ、挨拶もまともにできない。

長女だけが頼りだったがボーイフレンドに夢中で私など眼中にもないようだ。最初はグループの一人が話しかけてくれもしたが、私が理解していないことがわかるとすぐに内輪ネタで盛り上がっていた。

「家に帰りたい」だが長女をガッカリさせたくもない。必死で笑顔を作りその場をしのぐも時間が永遠に感じられた。

「最初はこんなもんだ」「きっと大丈夫」楽観的にこの状況を受け止める。

グループは長女とボーイフレンド、そして女友達3人組に分かれ、私は一人皆の後ろをとぼとぼと歩く……モールは人で賑わっていたが、聞こえてくるのは心の声だけだった。

授業の不安とカルチャーショック？

9月7日、学校が始まった。

留学生の中にはESL（English as a Second Language：英語を母語としない学生が、英語力を補強するために取る科目）と高校の授業を同時に取っている人もいるようだが、私の学校にはそのオプションが存在しなかった。

1学期のスケジュール決めのために会いに行ったスクールカウンセラーは「あなたが取る授業は代数とアメリカ史ね」と軽く言い、「ESLは？」と拙《つたな》い英語で尋ねる私に「そんなのないわ」と言い放つ。**どうやら私には逃げ道がないらしい。**胃がギュッと鷲掴《わしづか》みされたような感覚が走る。

初登校前日の夜はあまり寝付けず、緊張のせいか当日の朝から腹痛が私を襲った。トイレに入ったり出たりを繰り返していたが、長女の「ナルミ！」との声に泣く泣く便器にお別れをする（グッドバイ マイ トイレ……）。

少し早めに着き、ひたすら廊下を歩き回っていると、図書館の入り口を小さな集団が囲んでいるのが見えた。男女合わせて6人ぐらいだろうか？　私が前を通り過ぎようとした瞬間、**二人の女子生徒が激しいディープキス**をしているのを目の当たりにした。

「……えっ⁉⁉⁉⁉⁉」目を疑う。だが見間違いではない。まさか**人目がある学校で女子生徒同士がキスをしているとは……**。自分が積み重ねてきた「当たり前」が一気に破壊される。「これがアメリカなんだ……」早速のカルチャーショックで緊張の糸が少し緩んだ。

アメリカ史は迫力あるゴリラ？

授業が始まった。

1時間目の数学はレギュラークラスに割り振られたが、内容が既に学び終えた範囲だったため、それよりも一つ上のアドバンスクラスに変更してもらった。
日本の高校はアメリカよりも数学が進んでいると誰かから聞いたことがあったが、高校1年生で習う範囲を卒業を控えた生徒（シニア）が学んでいる事実も、ある意味カルチャーショックだった。

2時間目のジュエリーのクラスは「アートだから英語は使わないだろう」と軽く見ていたが、パーツ、材料などの専門用語が理解できず撃沈。傷心のままアメリカ史の授業に向かう。

教室に入ると、体格のよい、身長2メートル近くの大男が黒板に一生懸命何かを書いている。
「先生、怖そうだな……」できるだけ後ろの席を選んで座るも、案の定、授業は恐ろしいほど迫力があった。先生の声はよく通り、生徒の鼓膜と教室の壁を同じスピードで振動させる。彼の授業を受けたことがある生徒は「いつものことだ」と言わんばかりに笑っているが英語が聞き取れない私にとっては、ただ大きな声で叫ぶゴリラにしか見えなかった。

授業についていけない私とゴリラ先生

授業は私だけを置き去りにしながら進んでいく。何ページを開けばいいのかさえわからない私は、恐る恐る周りを見回し「11か……」と判断、ページを開くも追いついた頃には、生徒全員が次の章に移っていた。

どんどん取り残され、しまいには確認することさえ辛くなる。先生と生徒の楽しそうな会話は、私の体を抜けてクラス全体に広がっていき……**まるで周波数の合わないラジオを聞いているかのように耳障りだった。**

そんなとき、ゴリラ先生が私のほうに歩いてきた。「何かしたか⁉」と近づいてくる巨体に身構える。だが彼は静かに私の机の横に膝をつき、私にしか聞こえない小さな声で「前に日本人留学生を受け入れたことがあるんだ。だから君の気持ちがすごくわかるよ」とゆっくり囁《ささや》いた。

耳元がジワッと温かくなる。

「初めてだ……」

アメリカに来て初めて、誰かが私のやるせない気持ちに寄り添ってくれた。

ゴリラ先生は「宿題は、本を読むだけでいいからね」と私に告げ、授業に戻った。すると急に目頭が熱くなったので、少しだけ上を向いた。

そしてランチの時間がやってきた。

ランチはA班、B班で時間帯が分かれており、私は長女とは違うB班に割り当てられた。カフェテリアに行きはしたものの、どこに座ればいいのかもわからず途方にくれていると、長女の友達で一緒にモールに行った女の子（名前をディオラと言った）が声をかけてくれた。

ディオラは友達が数名座っているテーブルに案内してくれたが、ランチタイムを終える頃には愛想笑いのしすぎで私の頬は引き攣《つ》っていた。

それから数時間後、永遠のような登校初日は終わりを迎える。

どの教科も今の英語力では到底理解できる内容ではなかったため、その日のうちにスクールカウンセラーに相談し、アメリカ史と数学以外はもう少し簡単なクラスに変更してもらうことにした。

「あと250日……」長女が運転する車の後部座席で、持参していた手帳のカレンダーにバツを付ける。

留学はまだ始まったばかりだ。

事件です

授業がスタートして最初の1週間が無事終わり、週末がやってきた。

家にずっといるのも窮屈だったため、ストレス発散も兼ねて長いランニングに出る。この時期のミシガン州は夏の暑さも一段落し、一走りするには最適の季節だった。

8キロぐらい走っただろうか？　パンパンな足をゆっくり動かしながら玄関のドア

を開けたタイミングで、「Ｙｏｕ‼‼‼」「Ｎｏ‼‼‼」とホストファザーと長男の声が聞こえてきた。

「まただ……巻き込まれたくない」

こっそり部屋に入ろうとした際、ダイニングテーブルに水筒を置いたのを思い出す。

「どうしよう……」

唾を飲み込むのさえきついほど喉が渇いている。「どうせ取ったらすぐ部屋に戻るし」仕方なくキッチンへ向かおうとした。

そのとき、目の前を鉄の塊が横切った。

「‼‼⁇⁇」

「今の何‼⁉」

「バッシャン‼‼」その塊は大きな音を立てて床に転がる。

すると「ダダダダーッ」物凄い勢いで横を走りぬける長男の姿。まるで、怯《おび》える幼い子どものようだ。

息を殺し、恐る恐る**投げられた物体に視線を移すと一気に血の気が引く。**

「ナイフ……」

ホストファザーが投げたのは刃物だったのだ。

エメラルド王国のF

学校にできるだけ早く馴染《なじ》めるように、クラブ活動に参加することにした。

小さい頃からテニスを習っていたこともありテニスクラブに入ろうとしたが、女子テニスは春まで待たなければならないらしい。「自分の得意分野を活かせば、きっと英語ができなくてもコミュニケーションが取れるだろう」と高を括《くく》っていた私の留学成功計画は、開始早々白紙に戻る。

迷った末、「歌とダンスだったら英語が話せなくても大丈夫か」と次女がオーディションを受けていた学校主催のミュージカル『オズの魔法使い』と、秋に活動していた合唱部に参加することにした。「学校のミュージカルだし……」と小馬鹿にしていたが、高校のクラブ活動とは思えない程の本格的な舞台と、衣装、小道具、そして機材があり、オーディションの参加人数は100人を超えた。

私は次女に言われるままそのミュージカルのオーディションに参加し、**見事エメラルド王国の通行人Fの役を手に入れる（通行人はZまでいる）。**

人種比率と日本語の先生

私が通っていた学校の人種比率（生徒のみ）は60％白人、39％黒人、1％を他の人種が分け合い、アジア人は私含めて3人、残り2人は姉妹だった。

そのため「学校に日本人の先生がいる」という情報をスクールカウンセラーから得たときは「まさか!!!」と驚いたと同時に、安堵の胸をなでおろした。

翌日、早々に会いにいき「英語を理解できずに困っているんです」と状況を説明すると、「それは大変ね」とチューター（学校生活をサポートしてくれる学生）を紹介してくれたり、「宿題でわからない部分があれば言ってね」と親身になって対応してくれた。

それから彼女は、異国で心細い私の支えとなる。

泣きっ面に蜂

馴染もうと努力する気持ちとは裏腹に、私のいる環境は少しずつ悪化していった。

いつも通りランチ時間にディィオラを待ったが、彼女の姿はどこにもなかった。携帯を所持していなかったその頃の私は、連絡する手段もないまま生徒がワイワイ騒いでいる中を掻き分けながら、一人図書館に向かう。

図書館は両サイドを窓ガラスで覆われており、誰が、そして何人の生徒が館内にいるのか外からでも把握できるようになっている。そんな鳥籠のような場所を一通り歩き回り、一番人気《ひとけ》がない席に腰を下ろした。

ランチタイムは30分。持っていたアメリカ史の教科書を広げながら、ふと思う。「理解できない話題に必死で作り笑いをすることと、一人図書館で自分の世界に入ることと、一体どっちが寂しいんだろう……」

答えは明白、断然前者のほうだ。

ランチタイムを無事しのぎ、午後の授業を終了させたあと一旦カバンの中身を確認した。

「あれ、電子辞書と筆箱どこにいった⁉」

常に持参していたはずの**私と私以外を繋ぐ唯一の生命線だった電子辞書**がカバンのどこを探してもない。

動悸が激しくなりその振動で膝が震える。大量の冷や汗と共に、いきなり吐き気とお腹を刺すような痛みが私を襲った。それを必死で我慢し、歩いてきた道を戻ったが、両方ともどこを探しても見つからなかった。

壁に寄りかかり、今までの行動をもう一度振り返ると、最後に使ったのは3時間目だったことを思い出す。即座に教室まで走って戻り、先生に事情を説明して教室中をくまなく探し回ると**見覚えのある筆箱が無造作にゴミ箱に捨てられているのを発見した。**

中を確認すると日本から持ってきていた鉛筆やシャーペンなどが数本なくなっている。

泣きっ面に蜂。ジーンと鼻の奥が痺《しび》れ始め、私の意思とは関係なく流れそうになる涙をぐっと堪《こら》えた。

そこにいた先生は今にも膝から崩れ落ちてしまいそうな私に、「僕が学校全体にメールを流すから!!!」とフォローを入れてくれたが、その話を聞いたもう一人の先生は、**小さな声で“Welcome to America.”とつぶやいた。**

エスカレートするDV

私の環境が悪化したのは、学校だけではなかった。一番安全なはずの家は、ホストファザーと長男との喧嘩が絶えず、ファザーの地響きのするような足音と、野太い濁《だみ》声《ごえ》が目覚まし代わりになる朝も多かった。

彼がキレる原因は様々だったが、ほとんどがとても些《さ》細《さい》なことだ。

朝はテレビを見てはいけないルールなのに長男がテレビを見ていたとか、飼い犬が言うことを聞かないとか。子供が駄々をこねるような理由でホストファザーは怒り狂い、その場の空気をよどませた。

さらに厄介だったのは、家族全員が物に当たる癖があったことだ。何か気に食わないことがあれば、ものすごい勢いでドアを閉め、大声を上げ、目の前にある物を壁や床に投げつける。

その光景を見るにつけ「嫌だな」と思うが、それと同時に「そういう家族もいる」と自分に言い聞かせた。すると最初に感じていた危機感や嫌悪感が日々薄れ、「またやってる」と受け流せるようになっていた（「慣れ」というのは怖いものだ）。


9月26日。

その日は日曜だったこともあり、家族全員と次男の友達で一緒に食卓を囲むことになった。みんなそれぞれに忙しく、全員揃って食べることはほとんどない。「こんな機会もあまりないから」と言うホストファザーの機嫌はすこぶるよいように窺えた。

留学仲間によると、ホストファミリーが留学生に協力的な家はよく食事中に、「今日はどうだった?」「何か新しいことはあった?」と色々質問してくれるらしいが、私の家族にはそんな余裕はない。食事中は個々が喋りたいことを喋り、それにホストマザーが反応する。その会話が終わると長い間があり、また誰かが話し始め、それを繰り返している。

今日だってそう、いつも通りのディナーだった。

ディナーも終盤、長男がゴミを捨てようと席を立ったとき、「座りなさい」ホストファザーのドスをきかせた低い声が響いた。場が凍る。しかし長男は注意を無視し、ゴミ箱に向かった——。

その瞬間、「ふざけるな！」ファザーは顔を真っ赤にして、座っていた椅子を押し倒し、闘牛のごとく長男をめがけ突進、壁に叩きつけた。その振動に、戸棚にあったものが次々とけたたましい音を立てて床に落ちていく。

「注意しただろう！」「なんで言うことを聞かないんだ！」

長男の顔に唾を撒《ま》き散らしながら罵声を浴びせるホストファザー。それに耐えられない長男は自分の腕を振り回し、必死で逃れようとしている。

そしてついに、信じられない事が起こった。**暴れる彼を押さえ込もうとホストファザーが首を両手で絞め始めたのだ。**

10秒、いや5秒？

「やばいかもしれない」あまりにも衝撃的な光景に、過呼吸になる。

〝STOP!!!〟呆気に取られたホストマザーが我に返ったように立ち上がり、ホストファザーの腕にしがみつきながら叫んだ。

"Please!" "PLEASE STOP!!!"

するとやっと正気に戻ったのか、ファザーは首から手を離し、それと同時に長男は「あぁぁぁぁぁぁ～!!!!!」と泣き叫びながら全速力で地下に駆け降りていった。

ホストファザーはいくつか捨て台詞《ぜりふ》を吐き、平然を装いながら復席。皆は、一言も発せずただ沈黙を貫いている。

「そこにあるソーダを取ってくれませんか?」次男の友達がホストファザーに何食わぬ顔で頼んだ。

「こいつは馬鹿か!?」彼の顔を見ると同時に、わけもなく笑いが込み上げてきた。

私は悟られないよう唇を噛み、下を向いた。

誕生日と落胆

10月9日。私の誕生日は、2週間ぶりに家族が揃う。ホストファザーはフランス料理のフルコースを振る舞い、次女は立派な誕生日ケーキを焼いてくれた。**「最高の誕生日」とまではいかないが、楽しかった。**ファザーが怒鳴ることはなかったし、皆がいつもよりリラックスした表情をしている。「こんな毎日が続きますように……」と無駄を承知の上でバースデーキャンドルに願わずにはいられなかった。

ホストファミリーからの**誕生日プレゼントは、ブロードウェイミュージカル『Chicago』の地方公演チケット**で「一度でいいから本場のミュージカルを見てみたい」という夢があった私は、思い付く最上級の言葉を並べ感謝の意を表した。

後日、女性陣でその舞台を見に行った。

いつもよりも少しお洒落をして、期待に胸を弾ませロビーに入る。Fisher Theatre（デトロイトにある劇場）は入った瞬間「うわぁ……」と皆が声を溢《こぼ》してしまうほど美しく、煌《きら》びやかで、まるで貴族の舞踏会場のような空間だった。

劇場内は3階建てになっており、指定席は2階の前から5列目。舞台からはかなり遠い。だがそんなことはお構いなし、わくわくで胸がいっぱいだ。

幕が上がる。

一生懸命目をこらしてみたパフォーマンスは、夢にまで見たモノとは異なり、遠すぎて迫力に欠けた。そして一番悲しかったのは英語が聞き取れず、内容を一切把握できなかったことだった。

「こんなモノだったのか……」正直ガッカリしたが、明るく振る舞うことで本心を隠す。

常に期待が大きければ大きいほど、現実とのギャップに苦しむ。留学もそして本場のミュージカルも……。

その頃からだろうか？　私は何かに期待しすぎるのを自然と抑えるようになっていった。

3ヶ月で英語は理解できる？

アメリカに来て3ヶ月が経った。

留学する前に、誰かが「3ヶ月で英語はある程度理解できるようになる！」とほざいていたが、「全くの嘘だ」と思った。**私は未だに英語の伸びを感じられておらず、会話の10％も聞き取れない。**

だから友達もろくにいなかった。家族以外でちゃんと会話ができる存在といえば、ゴリラ先生と日本語の先生、そしてスクールカウンセラーぐらい。特にゴリラ先生は、授業が終わると私に宿題の内容を解説してくれたり、彼の人生について話してくれたりした。

彼もなかなか大変そうだった。ゴリラ先生の妻はエンジニアで稼ぎが多く、彼女の転勤の度に先生も色々な学校を転々としているらしい。そして高校の教師という職はかなり安月給な上に待遇が悪いらしく、不満を漏らすことも多々あった。

皆は「ナルミは理解できないから」と話題を選んだり、諦めたりする中、**あえてはれもの扱いをせず色々な話をしてくれるゴリラ先生が大好きだった。**

私に起こった変化

この頃から私の体に変化が如実に現れ始めた。日本から持参したジーンズのほとんどが腰のところで止まるか、ボタンが閉められなくなっており、仕方なくレギンスで生活するも、かなりパンパンだ。私がFacebookに載せた写真を見た母から、**「顔がぽちゃぽちゃしている」とメッセージが来たが、生活習慣を見直しても食べすぎている気は全くしない。**

「太ったのかな……」母の言葉が信じられず、マスターベッドルームにある体重計に乗ってみると、針が132パウンドを指していた。「アメリカのパウンドシステム、マジ意味わかんね～」とネットで計算してみると、なんと60キロと表示されている。

「えっ？　おい、おい、おい、おい……いや嘘でしょう」もう一度体重計に乗り直したが、やはり132パウンドで針が止まる。

口をあんぐり開けたまま、数秒フリーズした。「なぜ気づかなかった？」鏡でよく見てみると、太もも、お腹周り、そして腕に赤い肉割れの線がシマウマのように入っている。

「何これ……」目の前に立っていたのは、見る影もなく変わり果てた自分の姿だった。

変化があったのは体だけではない。**私はこの3ヶ月で表情まで失っていく。**ホストファザーがどんなに癇癪《かんしゃく》を起こしても、ホストシスターが私の陰口を言いふらしていても、そして学校で一人ぼっちの日々を過ごしても……傷つかない（悲しまない）心を身につけようと必死に感情を殺しすぎて、いつのまにか笑えず、泣けず、自分自身を見失っていった。

甘くみていた。憧れ、夢だけで選んだ道は想像を絶するほどの孤独と無力感で私を叩きのめした。

ギリシャ神話『パンドラの箱』は、パンドラという女性が開けてはいけない箱を開け、中から飛び出してきた憎しみや悲しみ、不運、病気に、あわてて蓋を閉めたところ、「希望」だけが残ったという。

私の箱には本当に希望が入っているのだろうか？　どんなに掻き回してもかすかなあかりさえ見えない。

「Smile」

その日も虚しくなるぐらい、いつもと変わらない一日だった。

ホストシスターに煙たがられながら学校に行き、授業までの時間を一人図書館で過ごす。窓から見える世界は少しずつ色を失い、通り過ぎていく人の影は、まるで走馬灯のようだ。

授業を受けても理解できるはずもなく、相変わらず意味不明な言葉が左から右へと流れていく。真っ白なノートがあまりにも殺風景だったので、隅っこに小さな落書きをした。芯が減らないシャーペンが不満そうに私を見つめる。

授業が終わると同時に体が勝手に席を離れ、一人次のクラスへと移動する。「歴史だな」と頭の中でつぶやき、「宿題終わらせたっけ……?」「終わらせたな」と自問自答する。それが毎日のルーティンになった。


そしてゴリラ先生のクラス。彼の授業は常に騒がしい。ぼーっとしている自分がひどく虚しくなるぐらい、生徒がいきいきと先生と意見交換をしている。ほかの生徒に迷惑をかけないようにと思えば思うほど、私は、ますます身を縮める。

「日本では、笑いの中心にいたのに……」ふと地元の友達を思い出し、**「選択は間違っていたのか？」**という気分になる。

授業終了後、ゴリラ先生にいつも通り話しかけようとしたが、先生はほかの生徒に囲まれており「仕方ないな」とノートと筆箱をカバンの中にしまって、教室を出ようとした……。

「ナルミ！」いつもの張りのある優しい声でゴリラ先生が呼び止める。

振り返ると、**“Smile!”**と彼は言い、両手の人差し指で頬を押し上げ、私に笑顔を作るように促した。期待に応えるため必死で口角を吊《つ》り上げたが、彼はそんな不恰好《ぶかっこう》な私の笑顔を見て**「これがお手本だよ」と言わんばかりに、ニカッと笑う。**しかし、彼の笑顔もなかなか不器用だ。

そんな先生の優しさが蓋をしていた心に触れる――。

喉が急にしびれ、目頭が一気に熱くなった。私は彼に、ちゃんと「さよなら」は言えていただろうか……？　**とめどなく流れる涙を誰にも見られないよう下を向き、近くにあったトイレの個室で声を殺しながら泣いた。**

初めての挫《ざ》折《せつ》とブラックティー

11月15日。

その日は前日が舞台『オズの魔法使い』の本番だったためか、それともこれまでのストレスが溜まって爆発寸前だったせいか、体がやけに疲れていた。やる気も出なければ、学校に行けそうな力も湧いてこない。

カウンセラーに精神と肉体の疲労について話すと、すぐに「明日は休んでね」と気遣ってくれ、そのことをホストマザーにも伝えた。彼女は一瞬、煮え切らない顔をしたが「わかったわ」と私の願いを承諾する。

初めて学校を休んだ。私は小、中、高校と皆勤賞。病気で休んだことは一度もなかったし、「休むこと＝負けること」だと勘違いしている、行動パターン分析でいうところの「タイプA」だった（タイプAの特徴には競争心が強い、自分への評価や承認にこだわる、せっかちなどが挙げられる）。

根性と努力だけが取り柄でもあったし、コツコツ積み上げたものは私を裏切らなかった。勉強も、運動も（50メートル走だけは、どんなに努力しても10秒ぐらいだっ

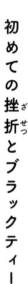

たが)、沖縄での舞台も、頑張った分だけ向上し、望む結果を与えてくれた。

だが、英語だけは違う。どんなに勉強しても、毎日耳にたこができるほど聴き続けても、全然上達した気がしない。

「なんで伸びが悪いんだ」「どうして聞き取れないいんだ」「周りは既に英語で夢を見てる人がいるのに」**「私の何がいけない……?」**


初めての挫折。この世には頑張っても上手くいかないこともあるのかもしれない、そう思うと何もやる気が起きなくなっていた。

ベッドの上に横になり、遅くまで起き上がることもしなかった。家には私とペットのロジーだけ、ノイズのない世界。時間は静かにゆっくり流れる。

「そうだ、外に出てみよう」

温かいブラックティーを入れ、バルコニーにあるテーブルに座った。ここに来て、初めて「安らぎ」を感じたひとときだった。

エリアコーディネーターにチクられる

だがその日の午後、束の間の「安らぎ」が崩壊することになる。

いきなり留学団体のエリアコーディネーター（私のエリアの責任者）から携帯に連絡が入った。（携帯はホストマザーから1ヶ月前に持たされていた）。

「何かあったのかな？」

電話に出ると、彼女はいきなり私を質問攻めにした。

「あなたのホストマザーからクレームが入っています!!!!」

「ずっとパソコンを見て、日本の本を読んでいるし、家族に関わりを持とうともしていない、と彼女から聞いたのだけど、どうして!?」

「今日は学校も休んでいるし!!!!」

電話越しの容赦ない非難に絶句……。

「えっ、関わりを持とうとしていない？　これまでの私の行為は……？」英語が上手く喋れないから、ご飯を作ったり、弟のお世話をしたり、家中の掃除や片付けをしたり、**家族と一生懸命関わる努力をしてきたのに、それらは無駄だったの？**

気持ちを訴えたいが反論できる英語力もない。**私は自分を守れず、ただ鋭い言葉の矢が降り終わるのをひたすら待ち続けていた。**

そして彼女は最後に、「これからは、図書館でご飯を食べるのもやめて、ちゃんとカフェテリアに行きなさい！　休日は友達と映画を見たり、ちゃんとアクティブに過ごしてね！」「わかったわね⁉」と命じ電話を切った。

「プープー」との終話音を遠くで聞きながら立つこともままならず近くのソファーによろめく。

友達がいない人はどうすればよいのだろうか？　逃げてはダメなの？

悔しかった。悔しすぎて涙が出た。感情の糸が切れたかのようにわんわんと赤ん坊のように声を上げて泣き、私の嗚咽《おえつ》だけが誰もいない家に響いていた。

ホストマザーと対峙

その日、ホストマザーはいつもより早く帰ってきた。彼女が自宅のオフィスに腰を下ろしたと同時に勇気をふりしぼり、声をかける。

「あなたが、エリアコーディネーターに言ったの……?」声が震える。

彼女はその問いに「そうよ」と素直に答えた。

「どうして……?」彼女だけが私の理解者だと信じていた。だからまた涙がにじむ。

それをグッと堪えて、**初めて今の気持ちをホストマザーに話した。**長女を頼りたいが、私の存在が彼女を苦しめていると感じること、何度もあなたに助けを求めようと試みたが、いつも忙しそうで声をかけられなかったこと、そしてホストファザーの暴力が怖いこと。

彼女を責めないよう言葉を選びつつも、たどたどしく伝える。

ホストマザーは黙って聞き、ホストファザーについて触れたときには**「私も怖いのよ」と目を潤ませながら言った。**

心の変化と私専用の部屋

それから数日後、私専用の部屋ができた。ホストマザーに「これからは玄関の真横にあるオフィスがあなたの部屋よ」とその日のうちに荷物を移すよう指図される。「とうとう長女が突き放したのかなぁ……」と寂しくもあったが、逆にほっとしてもいた（これからは長女がロジーを連れてベッドで寝る度に、夜中起こされて部屋から出してあげることもしなくてよくなるのだ）。

そして**ホストマザーとの対峙は、感情の蓋にヒビを入れ、がんじがらめの私自身を解放してくれた。**今までにあったいじめや仲間外れの経験から、自分を守る一番の方法は本心を隠し、他人との関わり合いを極力避けることだと思い込んでいた。だがそれが傲慢《ごうまん》さとなり仇《あだ》となる。

遠い異国の地で自分だけでは解決できない問題に直面し、助けを求める重要さを身をもって学んだ。

「不器用だな」と気づき、「なぜここまで一人で意固地になっていたんだろう」「もっと早く気持ちを言葉にするべきだった」と後悔する。

そのときやっと箱の片隅に、埃《ほこり》をかぶった一筋の光が見えた気がした。

次の日、心配してくれていた学校のカウンセラーにホストマザーとちゃんと話し合ったことを伝え、「2学期は決定していた教科とは違うクラスを取りたい」とお願いした。

私の提案は、

1　1時間目の合唱のクラスを日本語のクラスに変更。
2　Englishのクラスを3学期に移動する代わりにUS Government（アメリカの政府について学ぶ授業）を選択。
3　簡単なピアノのクラスを取ることで学習の負担を減らし、学校にいる間に宿題をする。

彼女はあっさり承諾し、少し吹っ切れた私の顔を見て、**「ドアはいつでも開いているからね、何かあればいつでも来るのよ」**と再スタートを喜んでくれた。

自殺未遂発覚でホストブラザーが心療内科へ

少しずつではあるが、私自身が変わりつつあるのがわかった。

留学団体への反抗心が行動力をくすぐったのか（私は昔から、抑え込もうとする圧力に対して負けん気の強さが出る）、それとも気持ちを吐き出して諦めがついたのか、少し前向きに考えられるようになり、**「結局どんなに背伸びしてもどうしようもない、今できることに目を向けよう」**と切り換え始める。

そんなある日、長男が忽然《こつぜん》と姿を消した。彼とはランチタイムの時間が一緒で長女よりは頻繁に見かけたが、ここ最近、家でも学校でも彼の気配はない。「どうしたんだろう……」と気になっていた矢先に、たまたま長女の友達を通して彼の居場所が判明する。

長男は心療内科に入院していたのだ。

彼を知る周りの子に尋ねてみると原因は自殺未遂。リストカットと薬のオーバードーズで運ばれたと教えてくれた。

帰宅後、何も知らない振りをして「長男はどこ？」とホストマザーに聞くと、彼女は案外すんなりと彼の居場所を話した。

「自殺未遂の原因は悪い友達と付き合っていたからで……」と続けたが、私にはそうは思えない。ガラの悪いグループとつるんでいることは知っていたが、それだけで自殺未遂をするだろうか？

「きっとホストファザーだ……」

殺されると思った

11月21日。

その日は、ホストファザーの機嫌が久々によかった。珍しく「夕飯は僕にまかせて」とチーズフォンデュの準備にかかる。意気揚々と張り切っているようだ。

次女と長女の彼氏の到着を待ち、みんなが席についたところで食事が始まった。

私は教えられた通り一口サイズに切り分けられていたパンを細長い鉄の串に刺し、フォンデュに投入。**思いっきりかぶりつくと「ウエッ」その不味《まず》さに思わず顔を**

しかめそうになる。

ドロッとした感触はまるで溶けたプラスチックのようで、大量に入れた白ワインのアルコールが加熱不足で抜けきっていないのか、かなり酒臭かった。

「無理だ……」体が拒否反応を出すが、全く手をつけないのも失礼、できるだけサラダを多めにし、食が進まないのを隠すように努めた。

すると、だんだんホストファザーの顔が曇り出す。いきなり、飲んでいるワインのグラスを「バンッ」とテーブルに叩きつけると席から立ち上がった。その突発的な行動に「なぜ長男には席を立つなと怒るのに、自分は立つの?」ムカッとする。

ホストマザーが「皆が席についているんだから最後まで座って!」と促すと、「僕は食べ終わったんだ!」と無愛想な声で言い、ダイニングエリアからいなくなった。

不安がよぎり「原因は私??」と思ったが「いやいやそれはないだろう……」と打ち消し、黙々と食事をとる——。

数分後、ホストファザーが地響きと共に戻り、私の方を指差しながら「サラダはご飯じゃない!」「なんで俺が作った料理を食べないんだ!!!」と怒鳴りだした。

すかさずホストマザーが、「チーズも食べていたじゃない！　何を言っているの」と私のフォローに入ったが、それが裏目に出てしまう。妻が反抗したのが許せなかったのか、それとも自分が作ったご飯を食べられない私が憎いのか、火に油をそそいだように彼の怒りはエスカレート。

「ドスッ！」「ドスッ！」ホストファザーが足を踏み鳴らす度に重いダイニングテーブルがカタカタ揺れ、自身の食器をシンクに「バシャン！」と叩きつける音は、座っていた皆の体をびくつかせた。

彼の顔には血が上り、熟れたトマトのようになっていく。目を合わせたら殺されると本気で思った私は、下を向くでもなくテーブルの先を見据え息を殺した。

「早く収まって……」目をギュッとつぶった瞬間、**私の座っている椅子を目掛けファザーがワイングラスを投げた。**「バシャン!!」とグラスははでな音を立て粉々になり、椅子の真下に散らばる。

「!!!!!?????」その光景は血が凍るほど恐ろしい。

ホストファザーは自ら散らばったガラスの破片を"FUCK!" "SHIT!"などの罵声と共に片付けながら、私の食べていたプレートをぶんどり、「バンッ!!!」とゴミ箱に皿ごと捨てた。

初めて、彼の怒りの矛先《ほこさき》が私に向けられた。

食後、放心状態だった私に長女とホストマザーが「これは、あなたのせいではないからね」とフォローをいれる。

その頃からだろうか？　ホストファザーが、少しずつ家族から突き放されたのは……。

当事者になって初めて、長男の気持ちが身にしみた。

WARNING

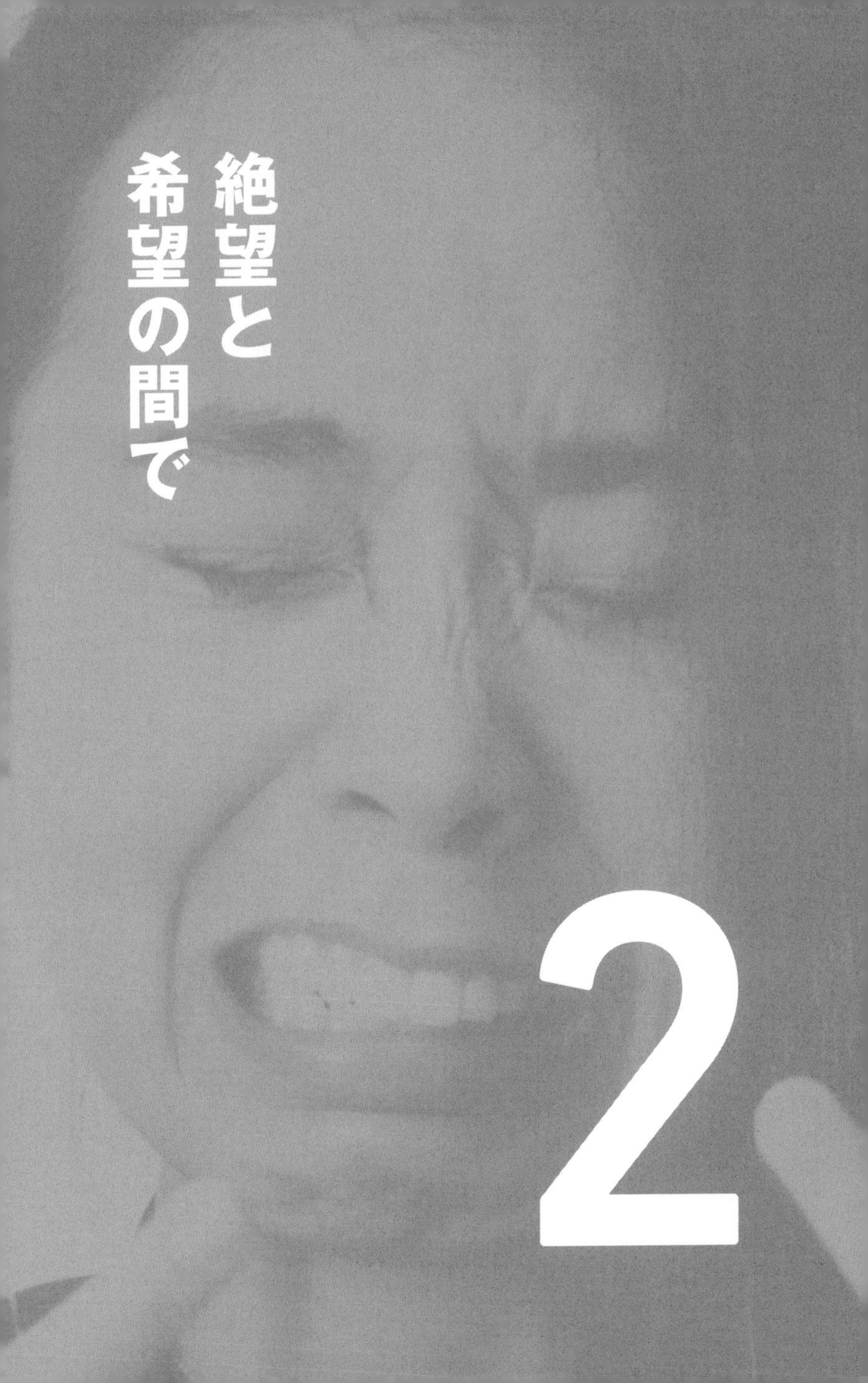

2 絶望と希望の間で

めげない精神と希望の光

気持ちを吐きだした日を境に、行動力がわき、「今まで上手くいかなかったのは、受け身になりすぎたのが原因だな」と、自分が主体になる方法を模索し始める。

そこで留学前に参加していた舞台の創作ダンス（ヒップホップと沖縄の伝統芸能を掛け合わせたもの）をベースに「ダンス部を作ろう！」と決意したが、長女に尋ねると「部員がナルミだけで設立するのは無理」と断言された（当たり前だ）。

それでも諦めず**「日本語クラブだったらきっと」**と先生に相談し、「面白そうね」との上々な反応から、生徒に募集をかけてもらうことになった。2学期からの活動は私中心で進めていくらしい。

すると先生は、「あと来学期からは補佐役もよろしくね」と、私をTA（Teaching Assistant）にしてくれると約束した。

「なんかワクワクしてきた！」

母からのメール

私はできるだけ毎日、日本の両親に「その日何があったのか」メールで連絡していた（本当は許されていない）。

文章は長くても100字程度で、**簡潔かつ極力ポジティブに体験していることを書くように心がけた……つもりだったが、**悪化していく状況と反比例して書く文章はより軽くなっていった。

留学当初は「すごく怖かった」と感情を露わにしていたのに、いつのまにか「バカだよね～、なんか笑えてきたよ！」「こんなことあったんだよ、考えられる？　面白いよね？」などの第三者的目線に変化する。

そんな私のつづる文章に**母が疑問を抱き始めた。**

ホストファザーの暴力、それに対するホストマザーの態度、そして長男の現状。母自身もポジティブに返信することを心がけていたようだが、限界が来ていたのだと思う。

11月24日、母がホストファミリーを変えることを提案した。

「まず地区委員さんに相談してホストマザーを交えて変える方向で」
「ここで我慢する問題ではない気がする」
「怯える生活が続くよりまずは相談しよう」
「大事な娘を預けているのにナルミの安心できる場所がない、ぜひ相談してみて！」
「一人で悩まないで！」
とのメッセージだった。

それを受け「友達とかに相談してみる」と返信したものの、「今心配しているのは、変えた場所がもっと悪かったら嫌だな」と付け足した。

この家に来て４ヶ月、感覚が完全に麻痺していた。環境に慣れすぎたことで、「現状を変えること」のほうが何十倍も恐ろしいように感じたのだ。

そして私には変えられない理由がもう一つあった。

次男だ。

次男は唯一私のことを慕ってくれており、「ホストを変える」という行為は、彼を裏切るようで耐え難く辛かった。

最強なAニーy（仲間）誕生⁉

サンクスギビングデーの前日、ホストマザーの弟家族が一緒にお祝いするからと、家に泊まり込みでやって来た。

「久しぶり～」と入ってきたのは、ホストマザーと瓜二つの白人男性とアジア人女性のカップル、そして切長な目がとても綺麗《きれい》なハーフの女の子だった。もちろん何も聞かされていなかった私は驚いたものの、「アジア人だ！」と嬉しくなった。

日本に住んでいると人種を特に意識することはなかったが、**白人が大半を占めるミシガン州に来て初めて「アジア人」が周りにいるだけで安心感をおぼえた。**それは黒人が言う「Brotherhood」や「Sisterhood」と似ていて、マイノリティー（少数派の人種）だからこそ感じる見えない絆《きずな》なのかもしれない。

アジア人の女性（ホストマザーの弟の妻）は韓国出身で名前をスーンさんといい、ホストマザーの弟とは、ミリタリー関連で出会ったらしい。

スーンさんは私を見るなり、「あんた大丈夫？」「ちゃんと食べてる？」「アメリカの料理なんて食べられたもんじゃないでしょう？」とアクセントのある英語で心配そうに声をかけた。

「缶詰のご飯が中心で……」（この頃にはホストマザーはご飯を作らなくなり、缶詰とデリバリーが大半になっていた）と答える私に、彼女は持参したキムチと白米、ほかにもたくさんの韓国料理を振る舞ってくれ、その姿はまるで沖縄のオバーを彷彿させた。

そして彼女は、二人きりのときを見計らってこっそりここでの生活について質問し、私は鬱憤《うっぷん》を吐き出すかのように今までの出来事を話した。

スーンさんは「うんうん、私もおかしいと思っていたのよ」と終始頷《うなず》いていたが「私もこの家族といると居心地が悪くて……」と本音を漏らし、「娘を従兄弟《いとこ》と会わせるためだけに来ていて、本当は滞在なんてしたくないのよね……」と冗談交じりに笑った。

初めての「NO」

スーンさんとの会話が盛り上がっていたさなか、「ブラックフライデーの買い物に行くけどナルミも来る?」と長女からの誘いがあった。

スーンさんと過ごすほうが断然楽しいと思った私は、初めて「考えさせて……」とだけ返し、決断を少しばかり遅らせる。

その会話を聞いていたスーンさんはすかさず、「一緒に行ってもまた一人ぼっちになるよ！」「本当は私と一緒に買い物に行きたいんでしょ？」と耳元で囁《ささや》き、「ちゃんと断りな」「やりたくないと意思表示するのは大切だよ」と力強い言葉で私の背中を押した。

初めての「Ｎｏ」は、爽快感７割と罪悪感２割に心労が１割だった。

スーンさんが帰るまでの数日間は、**まるで「アメリカ移民の心得」を学ぶブートキャンプに参加している気分だった。**

1　アメリカ人にはちゃんと感情を表す。気に入らないことがあれば「私は怒っているんだよ！」とアピールする。アメリカは個人主義の国、ちゃんと意思を伝えアピールすることで逆にリスペクトしてもらえる。

2　英語を早くマスターするには覚えた単語をすぐ使う。

まずは使ってみること。間違っていれば相手が指摘してくれるし、そのほうが印象（私は恥ずかしいので）に残るため早く覚えることができる。

ほかにも色々な教訓を聞いたが、彼女が初めて英語を学び始めたときのストーリーは格別に面白かった。

スーンさんは英語をドラマやテレビ番組を見て習得したらしいが、最初に覚えた単語は「Fuck You」。彼女はなぜかこのフレーズを、「怒っている人に言うとその場が丸く収まる魔法の言葉」と勘違いしたらしく、感情を露わにしている人に出くわしては「Fuck You」と連呼していたらしい（最強すぎる）。

すると周りが「それは言っちゃいけない！」と止めに入り、初めて真意を理解する。**「覚えたら使ってみな、そうやって誰かに教わりながら少しずつ覚えていけばいいんだよ」**と話す彼女の笑顔は、とても逞《たくま》しく見えた。

スーンさんは最後に、私が以前からホストファミリーに抱いている感情は間違っていないと断言した。

「私だったら、韓国に帰っているわ」

「よくここまで耐えられるわね〜」

さらには「うちに来る?」との誘いまで……。

「彼女と住めたらどんなに楽しいか」とも考えたが、彼らが住んでいるのはオハイオ州(ミシガン州の真南で片道3時間以上かかる)。州を跨《また》いでホストを変えた経験がある留学生など聞いたことがない。

「できたらいいんだけど……」と泣く泣く断った。

だが彼女との時間は私をますます勇気づけ、**いつか彼女のように弱い立場にいる人に寄り添える大人になりたい**と強く決意した。

新学期と新しい出会い

11月30日、サンクスギビング明けから新学期が始まった。

早々に「日本語クラブのメンバーでダンス部を作ろう計画」を実行に移したが、メンバーの90%がアニメ好きなインドア派集団。何回かトライした末に「こりゃ無理だ」

と断念した。

計画は残念な結果に終わったが、このクラブを通して私はある女の子に出会う。

彼女の名前はシドニー。学年は私の一つ下で、髪の毛は白人には珍しく黒のストレート。身長も高くスレンダーで、「なぜこの子が日本語クラブのメンバーなんだろう」と思うほど場違いな存在だった。

クラブ活動中に「私、日本人のクオーターなんだよね」と話しかけられ、流れで「これから英語を教える代わりに日本語を教えてよ！」とお願いされたが、正直「またか……」と思った。これまで、このパターンの約束は続いた試しがない。

そこまで真剣に受け止めず「わかった」と軽く受け流した。

まさか後に彼女が私の救世主になるとは、そのときの私は想像だにしなかった。

重い問題と部外者

2学期が始まって数日後、カウンセラーに呼び出された。

指定された部屋で待っていると、私のカウンセラーと一緒にもう一人見知らぬ男性が入ってきた。彼は自らを長男のカウンセラーだと告げ、「君と話したくて来たんだよ」と私に向かい合うかたちで座った。

長男のカウンセラーは、急いでいるのか単刀直入に「昨日、君のホストブラザーが停学になったんだ」と話し、「原因はタバコ」と説明した。私は表情も変えず「そうですか……」とだけ答えたが、心の中では「今頃かよ」とツッコミを入れる。長男は時々タバコ臭く、今まで誰にもバレなかったことのほうが驚きだ。

カウンセラーは、彼の行為が原因で私に影響があるのではないかと心配しているようだった。

「君はどうしたい？」「今の家族と住んでみてどうだい？」「もし居心地が悪ければホストを変えるべきだ」と身をのりだして聞く。

私はタイミングを見計らってホストファザーの暴力行為についても話したが、カウンセラーは**「それは、そんな人もいるということを学ぶための経験なんだよ！」と軽くあしらった。**

「えっ、そんな人もいる……？」暴力行為はそんな人もいるで収まる話なのだろうか。動揺を隠せない。

カウンセラーが抱いている「長男」のイメージは、私の知っている長男とは全くもって別人だった。彼は不器用だがとても優しい16歳の男の子で、誰よりも寂しがりや。普通の（暴力を振るわない）父親に育てられていれば、至って平凡な人生を過ごせていたかもしれない。だからこそ強めに「原因はホストファザーだ」と説得しようとしたが、カウンセラーは聞く耳を持たなかった。

話し合いは平行線のまま。

最後にカウンセラーが「あなたは、故郷に帰ってしまえばこの問題はなくなるけど、あなたのホストファミリーは、この問題を一生背負っていかなければならないんだよ」と言い捨てて、秘密の話し合いは終了。

彼の言葉はしんしんと積もる雪のように私の心を押しつぶした。

ホストマザーの涙とホストチェンジ

その秘密の会合から数日間、悶々《もんもん》とこれからについて考えていた。

ホストを変えたときのリスク、そしてホストを変えなかったときのリスク。どちらを選択しても後悔する気がする。自分で判断するには経験不足だと感じた私は、留学団体とミーティングをもつことにした。**彼らがこの環境を問題だと解釈すれば、私が努力して次のホストファミリーを探さなくても向こうが動いてくれるだろう。**

私と同時期にアメリカに来たフランス人の留学生は、**ホストファザーに何度も「オープンリレーションシップに興味ある？」と聞かれ身の危険を感じたらしくホストファミリーを変更していた。**

一方で、ホストファミリーの変更を申請しても「それは受け入れられない」「もっとその環境で頑張りなさい」と拒否されている留学生も少なくなかった。結局最終的に判断するのはこの留学団体なのだ。

「言いたいことを告げて、結果を受け入れる」これが、私が出した最終的な答えだった。

方向性を決めた私は、エリアコーディネーターに会う前にホストマザーに今の心境を伝えた。できるだけ傷つけないように言葉を選んだつもりだったが、彼女は私のわがままでホストを変えたいと勘違いしたようで「あなたが変えたければ変えたらいいわっ！」と突き放した。

これまでであれば、その言動にショックを受けて引き下がっていたと思う。

だが、この日は違った。自分の意図がちゃんと伝わっていないと感じた私は「あなたは誤解している」と指摘し、「一番辛い立場にいるのは、あなたですよね」と共感するような角度から会話をナビゲートした。

「私がこの家にいることが負担になっているんじゃないですか？　だからこそ私はあなたのためにもホストを変えるべきだと思う」

〝あなたのため〟を巧みに組み込んだ文章構成で……。

話を終える頃には、ホストマザーは雪のように白い肌を赤くしながら、涙を拭っていた。

届いたのは夢の詰まったプレゼント？

エリアコーディネーターとはなかなか予定が合わず、会えずじまいのままでクリスマスシーズンに突入。

12月23日から一泊二日でオハイオ州にいるスーンさんファミリーに家族全員で会いに行き、24日の午後、家に帰ってきた。その日は「サンタクロースが来るから」ときょうだい全員、地下で寝ることになった。

25日の朝、ホストペアレンツの「準備できたよ」との声で1階に駆け上がると、クリスマスツリーの前に5人分のプレゼントが並べられていた。確認すると年齢順に名前が書かれており、一番年上の私は最後にプレゼントを開けるらしい。

子供たちは順番よくプレゼントを開け、大喜びしている。

そして一番大きな声で泣いて喜んだのは、長女だった。何も知らないきょうだいが「何もらったの⁉」と目を輝かせてのぞきこむと、「メキシコ行きのチケット‼‼」と声を弾ませながらみせびらかした。

そしてついに私の番。

箱を開けてみると**「ニューヨーク行き」と書かれた留学団体が主催している旅行のパンフレットをプリントアウトした紙**が入っている。

「まさか!?」言葉を失った。

留学仲間から「そういえばこんな旅行があるんだって」と情報を共有されてからずっと「行ってみたいな」とは思っていたが、費用が高すぎて日本の両親には打ち明けずにいたのだ。

こんな高価なものをプレゼントしてくれたホストファミリーに申し訳ないと思う気持ちとこの上ない嬉しさで、"Thank you so much."と頭を下げた。

「何もないかも」と期待値をぐんと下げていた私は、今までの問題が解消するぐらい舞い上がっていた。

2010年が終わる

年末は思った以上に予定が入って忙しかった。

12月29日は初めてシドニーと日本食レストランに行き、12月30日には一緒に沖縄からミシガン州に来ていた留学仲間に一泊二日のスリープオーバー（お泊まり）に誘われていた。

その子とはランゲージキャンプのときに友達になり、家が割と近かった（それでも車で約30分から45分の距離）こともあり「正月休みは一緒に過ごそう」という約束を交わしていた。

彼女からも、「色々と大変だ」とは聞いていたが、私も含め留学生全員が「それぞれ色んな経験をしている……」そこまで気に留めなかった。

だが、**彼女の「大変だ」も私の想像を遥《はる》かに超えていた。**

彼女のホストファミリーが「ようこそ」と私を招き入れた家は、**玄関から一歩足を踏み入れた瞬間、アンモニア臭が鼻を突き、床が見えないほど物が散乱している。**

二人になった際に「いつもこうなの？」と質問すると「私が来てからマシになったほうだよ」と苦い顔をしながら答えた。彼女いわく汚臭の根源は数匹飼っている猫にあり、飼い主が猫砂を換えないせいで家の至る所にマーキングをし、臭いが染み付いてしまったらしい。

「異常だ」と感じるが、**互いに「私たちには選択の余地がない」と諦めていた気がする。**

大晦日。家に戻るときょうだいたちはおらず、ホストペアレンツとその友達が地下室でどんちゃん騒ぎをしていた。

外は暗くしんしんと雪が降り、全てを覆い隠すようだった。

私は彼らの騒ぎ声を聞きながら、ひとりリビングのテレビを付け画面越しのニューヨーカーと一緒に新しい年を迎える……。

そして元旦早々、私の一日は地下室の後片付けから始まった。

広がる友好関係と変わらない英語力

ミシガンに来てもうすぐ半年が経とうとしていた。

夢は未だに日本語でしか見たことがなく、相変わらず授業もほとんど聞き取れない。特に辛かったのはEnglishでのグループディスカッション（素人がエベレストに登る並みの難しさだ）。嫌すぎて考えただけでも胃が痛くなったので、先生に「ディスカッションに参加するのは辛いです」と伝えたが、「その中から何か発見があるかもしれないわ！」と聞く耳を持たず、**ただ居心地の悪い時間を時計とにらめっこして耐えるしかなかった。**

「教師によってこんなにも生徒への関わり方が違うのか」と一生懸命向き合ってくれたゴリラ先生を思い返しては、ため息がこぼれる。

それに比べて友達関係は好転していった。

シドニーと知り合ったことで輪が広がり、**初めて私だけのクリック（長女を通さない友好関係）が生まれ、ちゃんと「友達」と呼べる人も増え始めていた。**

ある日、シドニーが風の噂で長男の本当の停学理由を耳にしたと話してきた。

私が「タバコが原因でしょ？」「彼のカウンセラーと直接話したよ」とつまらなそうに言うと、シドニーは興奮気味に、

「それだけじゃなかったんだよ！」

「コカインだったの！」

シドニーによると、この学校では多くの生徒がマリファナかタバコを吸っていて、

特にマリファナを含む違法薬物は生徒の間で普通に売買されているらしい。「ベッドの下とかクローゼットの中で栽培したりとかして〜」と、まるで観葉植物みたいなノリだったが、私には一大事にしか思えない。

「アメリカが崩壊するのも遠くはないな」と一人苦笑いした。

新学期と生死をかけた挑戦

新学期が本格的に始まったことで、秋になかった部活動もスタートした。

「やっとテニス部に入れる！」と意気込んだが、私が知らない間にトライアウトは終了、既に部活は始動しているようだった。仕方がないので、ほかに入れるクラブはないかと探すと、デンマークから来ている顔見知りの留学生に「ウォーター・ポロ（水球）はどう？」と誘われた。

「すごく痩せるからオススメよ！」「すごく痩せるから〜」「すごく痩せる〜」（エコー）

どんなスポーツかについてはお構いなしに、「痩せる」というフレーズだけが瞬間接着剤のように脳裏に貼り付いて離れない。

そのときの体重は63キロ強。鏡を見る度に「えっ……せんとくん？」（奈良県のマスコットキャラクター）と見間違えるほどだった。

後日、シドニーが「うちに泊まりに来なよ」と誘ってくれ、念願のスリープオーバーが実現した。

映画を見ながら、シドニーに「今度水球部に見学に行こうと思っているんだけど、水着を持ってなくて」と相談すると、「私の貸してあげるよ！」と使わなくなった競技用の水着を貸してくれた。その場で試着すると、世界屈指のタイヤメーカー・ミシュランのミシュランマンが鏡越しに立っていたが、シドニーは「あぁ～着られてよかった～」と安心しているようだった。

次の日、参加した見学会で「あなたたちも一緒にやるのよ」と現役選手と同じメニューに参加するようキャプテンらしき人に促された。恥ずかしさも覚えながら水着に着替えたが、新人の中には、私のほかに3人のミシュランマンと、カビゴンがいたので「恥ずかしがることはないな」と、諦めてプールサイドに立つ……（プールの水深は3メートル以上）。

最初のトレーニングは、皆で列を作りながら間隔を開けてプールに飛び込み、端まで泳ぎ切る（約25メートル）。一旦プールサイドに上がり、体勢を整えてから次のレーンに飛び込み、また端まで泳ぎ、それを10回ほど繰り返すというものだった。

順番が回ってくるまでの間、「今まで500メートル連続で泳いだこともあるし、難しいことじゃないな」と高を括っていたが、25メートルを泳ぎ切りプールサイドに上がろうと両手を置いたとたん「あれ、おかしい……？」。

必死で自分を持ち上げようとしているのに、体が微動だにしないのだ。


バタ足で勢いをつけ「おーりゃあ（ブクブクブクブク）!!!!」と水の中で叫ぶも、腕が杏仁豆腐を揺らしたようにプルプルと揺れ、力が入らない。

他の選手はどんどん違うレーンへと進んでいき、私だけ溺れたトドのようにもがいていた（トドは溺れないか……？）。

するとコーチが、プール全体に広がるぐらいの大声で「いいぞー、ナルミー！」「上がらんでいいからそのまま泳いでこい！」と叫ぶのでそのまま最後尾からみんなの背中を追いかけた。

あとで気づいたことだが、腕の筋肉が全く発達しないまま体重が増えてしまったせいで、自分自身を持ち上げられなくなっていたらしい。

それからみっちり2時間、何回も溺れそうになりながら練習をやり遂げた。死ぬほど疲れたが、練習中は一切誰とも喋らなくてよかったし、**練習後はなんとも言えない解放感を味わい「このきつい練習に耐えられたら、どこでも生きていけるな」と思ったので入部を決意した（ドMかっ⁉）。**

豹変するホストマザー

ここ数ヶ月でシドニーとの距離は一気に縮まった。今までアメリカ人と一緒にいて心底楽しいと感じたことはなかったが、シドニーとの時間は違った。

出会う前から日本語を学んでいた彼女は、2ヵ国語を上手く使い分けながら私に寄り添ったコミュニケーションをとってくれた。また日本語の勉強といっては「汚い日本語を教えて！」とお願いされ、覚えた単語を巧みに使いながらの陰口は、二人だけが理解できる暗号のようで楽しかった。

だがそれ以上に助けられたのは、彼女が車を持っていることでホストファミリーの手を煩わせる必要がなくなったことだった。

私は初めて「友達」と呼べる人ができ、それをホストマザーも喜んでくれていると信じていたが、後々予想もしない出来事が起こる。

ハイスクールの部活動は、（バスケやフットボールなどメジャーなスポーツ以外）部員が宣伝広告を専用の掲示板に貼ることで新入部員を募集する。「水球の練習がないときどうしようかな……」と悩んだ私は、数ある部活の中から編み物クラブを見つけ入部を決めた。

編み物クラブは「クラブ」というよりも同好会のようで、長テーブルを囲みながら各々のレベルにあった物を編んでおり、参加している生徒のほとんどが、顧問が醸《かも》し出す温かい雰囲気に癒やされにきているみたいだった。

2月6日、編み物クラブの先生に誘われて一緒に棒針を買いに行った。買い物を終え学校にドロップオフしてもらった直後、シドニーから「日本食のスーパーに行こうと思っているんだけど行く？」と連絡が入り、「遅いと心配するかも」と、念のためホストマザーにメッセージを送った。

返信を待つ間、「友達と放課後に出かけるなんて一切なかった私がここまで来たか」と一人感慨にふけっていると、**10個以上の質問が並んだ長文のメールがホストマザーから返ってきた。**「なんで先に言わないの？」「どうして勝手なことするの？」「友達って誰なの？」「どこに行くの？」など。

弾丸のように送られてくる質問に一つ一つ返答したがなぜ怒られなければいけないのか意味がわからない。もしかしたら送迎が必要だと勘違いしているかもしれない。「車はシドニーが出してくれるから、全然気にしなくていいよ」と伝えるも、怒りに火を付けたのか、「なんで何度言ってもわからないの!!!」「なんで予定を立てる前に聞かないの!!!」と、今度はかなり攻撃的な文章が返ってきた。

夜が遅かったり、予定が入っていればわかるが、今は午後4時でこのあとは何もないはずだ（放課後に予定が入ったことはこれまでに一度もない）。「もしかしたら私の言い方が悪かったのかな？」とシドニーに読み返してもらったが、どこも間違っていないと言われた。

ホストマザーは返事を待たずに**「今度こんなことしたら、どこにも出さないからね!!!」と頭ごなしに会話を切り**「行って欲しくなければ行かないよ！」という私の返信を完全に無視した。

落ち込む私に、シドニーは「それ普通じゃないよ、まるで奴隷がどこに行くか監視しているみたいだね」と心配そうに眉間にシワを寄せた。

あぁ、家族の一員ではないのか

部活がない日はよくシドニーと会い、彼女の家に遊びに行ったり、彼女が家に遊びに来たり（ホストマザーが露骨に嫌がるので1回しかなかった）、6ヶ月以上かかったが普通の高校生のような生活をエンジョイしていた。

だがそれとは裏腹に、ホストマザーはライフスタイルが激変した私に対して少なからず不満があるようだった。彼女の態度はとてもあからさまで、外出許可をもらいに行くと「はぁ……」とため息をつき、「Ｙｅｓ」を渋る。その度に私は彼女の癇に障らないよう、言葉選びに気を配らなければならなかった。

気を使えば使うほど心がすり減り、一時期抱いていた好感も同時に削り落とされていった。

長男がリハブ（依存から抜け出すためのリハビリ施設）から帰って来て数日、家族全員が集まり夕食を一緒にとることになった。

食事中、ホストファザーが“How was your day?”と聞いて回り（滅多にない）私はみんなの回答から何を話そうか一生懸命頭の中でシミュレーションする。「水球？」「いや、学校であったことが面白いか？」など、文章を一生懸命構成したが、私の番が来ることはなかった。

彼は躊躇《ちゅうちょ》なく私をスキップし、隣にいた長男に「今日はどんなことをしたんだい？」と聞く。「えっ、私は……」周りを見回したが、それに対し「なぜナルミには聞かないの？」と誰一人質問せず、ただ黙々と食事をしている。

「あぁ、私はこの家族の一員ではないんだな」心情を悟られぬようまた下を向いた。

芋虫がましな芋虫になる瞬間？

学校は相変わらずだったが、水球の練習は日に日に厳しくなっていった。

必須の立ち泳ぎができず「ふわっ」と度々幽体離脱しそうな瞬間があったが、重い肉のついた腕と足を死に物狂いで動かすことで息を吹き返す。

「脂肪が多いほうが浮く」という説は自分の体を酷使しながら「虚言」だったと実感した。

水球は私にとって、生きるか死ぬかの戦いだった。だからこそネットで「立ち泳ぎの仕方」「無駄のないクロール　泳ぎ方」と検索し、指先の形から太もも、ふくらはぎの角度まで研究した。コンピューターの前に座り、無我夢中で体を動かしながら繰り返し練習する姿は、かなり滑稽だったと思う。

最初はプールサイドに上がるのさえ困難だった私が、最後尾だが10回中、3回はプールサイドに上がれるまでになっていた。

ここで勘違いしてほしくないのは、プールサイドに上がれるようになったといっても、他の選手のようにスムーズに、そして軽やかに、まるで飛び魚が空を舞うようにではない。私のイメージでは、プールサイドのタイルの隙間に指を引っ掛け、自分を持ち上げる姿は、『ミッション・インポッシブル』のトム・クルーズが急斜面を指先だけでよじ登るような感覚だったが、はたから見ればナメクジが急斜面にへばりつこうとしているように見えただろう。

それでも練習をやめなかったのは努力すれば努力するほど成果が見えたし、練習中は無心になれて思考を停止できたからだ。

家で起きていること、英語の成長の遅さ、きょうだいとの関係など、何もかも忘れてプールの端から端まで泳ぎ切ることだけに集中する。

「今を生きている！」私は3ヶ月間の練習で7人を追い越せるまでになり、初めて出た試合では溺れそうになりながらもゴールを決めるまでになっていた。

Go! me!（ゴー！私！）

東日本大震災

3月11日、いつもと変わらない日を過ごしていたが、突然1通のメールが届く。「あっ、シドニーか」「きっと放課後遊ぼうとの誘いだろう」とメッセージを確認すると、「日本でとても大きな地震が起こったんだけどあなたの家族、大丈夫⁉」とあった。ダッシュで図書館に向かい生徒用のコンピューターを開き、日本の状況を確認した。

地震は発生したばかりで、情報量は少ない。そこには、震源地と、大津波警報、津波警報が記されたWebページだけが存在し、沖縄本島地方も、津波の影響を受けるかもしれないと書かれていた。

「家族に何かあったらどうしよう」安否を確認したい一心で、部活が休みの長女にメッセージを送り（いつもはスクールバスで帰るが）今までになく必死に「早く家に帰りたい」と懇願する（当時はガラ携が主流で、両親に直接連絡するには、家にあるPCからでなければならなかった）。

授業中ずっと生きた心地がしなかった。ただ放課後になるのを待ち、チャイムが鳴ったとたん待ち合わせ場所に向かう。

だが、10分待っても15分待っても長女は待ち合わせ場所に来なかった。我慢できず連絡を入れるが、返信は一向にない。

30分が経過。やっと彼女と連絡がとれたが、イライラも限界。いつもより感情を顕《あら》わにした私の態度が気に入らないのか、長女は非常に不機嫌だった。

「この状況で自分のことしか考えられないのか⁉」腹立たしくて仕方がない。悔しくて、握りしめた手のひらには知らぬ間に赤く爪痕《つめあと》が残っていた。

私に何ができる？

家族が無事だったことを確認したあと、すぐに**「何か日本のためにできることはないか？」と考え、募金活動を始めることにした。**

日本語の先生の許しをもらい、授業中に宣伝ポスターを作成し、授業後は直接教頭先生に会いに行き募金活動の旨を伝える。彼は「大変でしたね」と親身になってくれ、二つ返事で了承してくれた。

手始めに学校の職員室に募金箱を設置した。置いているだけでは効果が薄いと判断した私は、日本語の先生を通じてボランティア部の顧問と会合。相談した結果、学校のホームページでの告知と、校内放送で募金活動についてのアナウンスをしてもらう約束をとりつけた。

そして編み物クラブの先生からは「学校でベイクドセール（バザー）を開催したら資金が集まりやすいかも」とアドバイスを受け、再度教頭先生に懇願、ベイクドセールを次の週の水曜日と木曜日のお昼時間に行う許可ももらった。

商品は多いほうがよいと、編み物クラブではミサンガ、日本語クラブでクッキーやベイクドグッズ、そして長女も彼女の友達と一緒に別でクッキーを作ることになった。

本当に多くの人が心配して声をかけてくれ、アメリカ人のボランティア精神に感動さえ覚えた。

募金活動は長女の裏切り？

月曜日の朝、長女が私にクッキーを見せて「これ今日のお昼に売るから」と言い出した。私は瞬時に「でもベイクドセールの許可をもらったのは水曜日と木曜日だよ」と返したが、彼女は「決めたことだから！」と一切聞く耳を持たない。

わざわざ教頭先生と頻繁に連絡を取り、スケジュールをすり合わせ、多くの人に協力をお願いし、日付が載ったポスターまで作成していた私はどうしたらいいのかわからない……。

朝イチでシドニー、日本語クラブの先生、ボランティア部の顧問、そして編み物クラブの先生に相談すると、みんな口を揃えて「先生に許可を得ずにお金のやり取りをするのは間違っている！」と怒り、シドニーとほかのメンバーは教頭先生に長女の身勝手な行動を報告した。

「どうしよう……」怖かった。皆は長女と折り合いがつかなくても関わらなければいいが、私は嫌でも彼女と顔を合わせなければならない。それに私の立場はこの家族においてとても弱く、長女を敵に回せば何をされるかわからなかった。

だからこそ無許可のベイクドセール直後、急いで長女のところに向かい「ごめんね、手伝えなくて」と腹立たしかったが抑えて謝った。「水曜日と木曜日しか許可をもらってないから」と理由を交えて念を押し、「もしかして、明日(火曜日)もベイクドセールしようと思っているの？」と聞くと、長女は面白くなさそうに「多分ね！」と答える。そして「許可はもらうんだよね？」と改めて確認する私を「取るわよ!!!」と煙たがるように突っぱねた。

火曜日の朝、やはり不安がよぎったので再度「許可は取るんだよね？」と尋ねると、彼女は「わかんない」と一方的に話を終わらせた。

その反応から「こいつ絶対に許可を取らないな」と判断し、真っ先に教頭先生のオフィスに直行。彼女の代わりに許可をもらおうとしたが教頭先生は運悪く不在……代わりに教頭補佐に許可をもらい、彼女のベイクドセールを手伝った。

開始から10分後、教頭先生が長女主催のベイクドセールに現れ「あなたには失望しました」「なぜ許可もないのに勝手にやっているの？」と長女を問いただすと、彼女は素知らぬ顔で「ナルミが許可もらっていると思いました」と全ての責任を私に押し付けたのだ。

「また出た……」あまりの仕打ちに反吐《へど》が出そうだった。

「正式」なベイクドセール当日。協力してくれたシドニーやボランティア部のメンバーは、ブースを訪れる生徒に「昨日のやつは嘘だったんだよ！」「実際あのお金がどこに行ったかわかんないの！」と陰口を言いながら接客していたが、心底どうでもよかった。この募金活動は東日本大震災の被害にあった人たちに向けてであって、私の個人的な感情で台無しにしてはいけないのだ。ただ来る人、来る人に感謝の言葉を伝え、黙々と運営に専念した。

そして2日間のベイクドセールは色々あったがなんとか終了。

多くの方から頂いた募金は日本語の先生に託し、彼女が一番よいと思ったボランティア団体に寄付してもらった。

クリスマスプレゼントとその後

ホストファミリーには失望し続けていたが、クリスマスにもらった思いも寄らないプレゼントだけが私と彼らを繋ぐ最後の希望となった。

春休みになり、長女は約1週間メキシコに旅立つ。

私は「今度は自分の番だ」とホストペアレンツがNY旅行について話してくれるのを待っていた。

だがその話は出発日の1ヶ月前になっても一切ない。ショックを隠せない私に日本の母が「私たちが出すから行きなさい!!」と言ってくれたが、私は彼らを信じていた。「きっと話してくれるはずだ、大丈夫、きっと」まるで蜘蛛《くも》の糸に縋《すが》るように……。

そして出発するはずだった日。目の前にある白黒でプリントアウトされた紙切れを眺めながら「なぜわざわざ期待させるようなことをしたの?」「プレゼントはただの紙切れだったの?」「だったら何ももらわないほうがマシだった……」

今にもちぎれ落ちてしまいそうな心を、見えないホッチキスで繋ぎ止めようとした。しかし、無駄なことだった。

その瞬間、私のホストファミリーへの信頼が地に落ちた。

私の中で急激な変化が起こる。彼らにどう思われようが、どうでもよくなったのだ。

だからこそ、シドニーがそんな私の状況を不憫《ふびん》に思い「バケーションに一緒に行かない？」と誘ってくれたとき、ホストマザーには「春休みはシドニーの家族と過ごすから」と断言した。

もう許可を得るなんてことはしない。

返事を聞くまでもなく、踵《きびす》を返し自室へ向かう。彼女は私の背中越しに「わかったわ、楽しんで」とほざいたが。

「どの口がそんなことを言えるの？」振り返らず、部屋へと急いだ。

ついに崩壊する家族の形

留学プログラムが終了するまで2ヶ月を切ろうとしていた頃。

長女がホストファザーに「誕生日おめでとう」と声をかけた。「やばい、ファザーの誕生日だったわ」とその日の放課後、学校にあるショップで高校のロゴが入ったポロシャツを（シドニーにダサいと横で言われながらも押し切って）購入した。

その夜は誕生日会が行われると予想したが、私以外に彼にプレゼントを渡す人はおらず、ケーキさえ準備されていない。

ホストファザーは虚しくなったのか、いきなり怒りを露わにし始め、その矛先《ほこさき》をホストマザーに向けた。

すると彼女も彼の態度に激怒し、口論がヒートアップする。

ホストファザーは汚い言葉を並べながら、挙げ句の果てには彼女に対して“Fuck You!”と怒鳴りつけた。

「あぁ、一線超えたな」と思ったが時すでに遅し、マザーもヒステリックな声を上げながら言い返している。するとなぜか部屋にいた長女までその口喧嘩に参戦し始め、長女とホストマザー vs ファザーとなり、さらに事態は悪化した。

喧嘩は長女の「お父さんなんて死んでもいらない」との叫び声で終了。

滑稽だ。ただ滑稽で仕方なかった。

あなたに会えてよかった

部活も終盤。水球はコーチが最後の練習で**「メンバーの中で一番成長したのはナルミだった」**と努力を労《ねぎら》う一言を添えたとき「この部活を選んで本当によかった」と心から思った（体重は3ヶ月弱で7キロ減、56キロぐらいにはなっていたと思う）。

そして編み物クラブでは、先生から「これプレゼント」と手編みのマフラーを渡され、「最後までよく頑張りましたね」と私の**英語の上達と心の成長を喜び、陽だまりのような優しいハグをしてくれた。**

その温もりに涙がぽろぽろと溢《あふ》れる。

「あなたに出会えただけでもここに来たかいがありました。本当にありがとうございました……」と、ゴリラ先生に教わった笑顔で一生懸命伝えた。

色々なことを経験したが、悪いことばかりではなかった。

どんな状況下でも、ささやかな幸せは常に手のひらの中にあるのかもしれない。

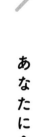

終わりのない長男の薬物依存

長男は停学処分が終わり学校に戻っても、相変わらず薬物をやめられないようだった。

停学期間中は青少年用のリハブで数ヶ月程度過ごしていたが、ある水球部員の話では退院直後にまたハイになって学校に来ていたらしい。「これからどうなるんだろう……」縁あって出会った彼の将来を案じたが、私の関与できる問題ではない。ただその話を受け止めることしかできなかった。

実際のところ、薬物をやっているのは長男だけではない。生徒間で違法薬物の売買が頻繁に行われている状況から、警察が学校に来て生徒の車、クローゼット、そしてカバンの中身をチェックする恒例行事があるほどだ。

帰りのスクールバスでシドニーを通して知り合った友達から「隣に座っていい？」と声をかけられた。彼女は長男と仲がよく、話しの流れから彼の近況について詳しく聞く機会を得る。

今朝も長男はハイの状態で学校に来ていたらしく、彼女が1限目をスキップして面倒を見てあげたそうだ。

彼は、マリファナ、マジックマッシュルーム、ヘロイン、コカインなどなど多様なドラッグに手を出していて、学校では「やばい奴」と有名らしい。

「彼にはもっとちゃんとしたお父さんが必要なんじゃないかな」と話す彼女は家族の誰よりも彼のことを心配しているようにも見えた。私が長男の腕にあるリストカットの傷痕についてふれると「私もあるわ」と腕にある傷を見せ「あなたが思っている以上に普通のことよ」と笑う。


みんな壊れていた。ボロボロだった。


同時期にプロムが開催された。

その日のために多くの生徒が最低でも3万円以上のドレスを購入していたが、シドニーと私は3千円以下の安物で満足していた。

プロムはシドニーとシドニーの彼氏と一緒に参加した(付いていったに等しいが)。

彼らが一緒にいる際は邪魔しないように今まで仲よくしてくれていた友達に話しかけ、できるだけ多くの写真を撮った。「卒業間近で集まる機会はきっとこれが最後」と心のどこかで思っていたからだ。

長女はその場に来てはいたが、お互いに話しかけることもなく写真すら撮らなかった。

もう無理だ

5月8日、その日は母の日で私は20ドルぐらいで購入したネックレスを準備していた。

今までお世話になったことには変わりないし、「礼儀だ」と義理と人情の思いからプレゼントを用意した。私は朝イチでホストマザーに「ありがとう」とネックレスを渡す……。彼女は私になんと答えただろうか？　よく覚えていないからたいした反応はなかったのだろう。

その日の午後は、ファイナル（期末試験）が近づいていたこともあり、部屋にこもって勉強をしていた。ある程度終わりが見えてきたので水を飲みにキッチンに行くと、リビングルームを挟んで向こう側のバルコニーで笑いながらボードゲームをする家族全員の姿が見えた。

「えっ……なんで一言も声をかけてくれないの」

ひたすら呆然と眺める。

彼らにとって私は透明人間になったのだろうか？


「最後の最後までこの家族は受け入れてくれなかった」


クリスマス、父の日、母の日、全員の誕生日、各行事にプレゼントを用意し、それに加えて家の掃除、料理、家事の手伝い、弟の世話まで……私にできることは全てしてきた。

だからこそ、やるせない気持ちでいっぱいになる。

「あぁ、もう無理だ……」誰にも気づかれないよう笑い声が響きわたるキッチンを背に、一人部屋に戻った。

長男と父親の喧嘩

事件は突然起きる。

帰宅後、自室で宿題をしていると、地下から長男とホストファザーの会話がうっすら聞こえてきた。

今さら驚くはずもなく無視して目の前にある山盛りの宿題に集中していると、彼らの声は1階にいる私にもはっきり聞こえるぐらい大きくなっていった。長男の叫び声は耳鳴りがするほど高く、ホストファザーの怒鳴り声は地鳴りのように低い。

「大丈夫かな……」と、いつもと違う雰囲気に手を止める。

すると「ガシャン!!!」「バシャン!!!」「ドスッ!!!」と物が割れる音がして「ギャー!!!!!」との悲鳴の直後、ドドドドと地下から誰かが駆け上がってきた。

私の部屋は玄関の側《そば》。「なんだ!?」と窓の外を覗《のぞ》くと、右腕を抱えた長男が全速力で走り去るのが見えた。

それっきり長男は夜になっても帰ってこなかった。

ホストマザーは青ざめ、ファザーはいつになく動揺している。彼らは警察に捜索願いを出して一晩中長男を探し回り、私ときょうだいは遅くまで彼の帰りを待った。

ついに行政が動き出す

長男は失踪《しっそう》した翌日に見つかったそうだが家に戻らず、ただ「見つかった」としか聞かされなかった。

5月11日。4時間目の途中でカウンセラーに呼び出された。彼女に呼び出されるのは2回目(1回目は長男の停学)、やはりカウンセラー室には知らない二人が座っていた。

「学校関係者にしてはとてもかしこまっているな」

真っ黒なスーツに白シャツ、まるで『Men in Black』の主人公のよう。そして周りの空気は1回目の密談よりも張り詰めている。

私は見知らぬ二人の向かいの席に誘導され、隣にカウンセラーが座るかたちで話し合いが始まった。

彼らは自らをCPS（Child Protective Services）と名乗り、「子供を虐待から守る機関です」とより簡単な単語で言い換えてくれた（CPSは政府の機関で、18歳未満の子供に対する虐待・育児放棄に関する通報の受託、審査、調査といったサービスを行っている）。

一瞬「カウンセラーに家庭の事情を言ったからこうなったのかな」と心配になったが、一人がすかさず「きょうだい全員へのインタビューは済んでいて、最後に君の話が聞きたいんだ」と補足した。


CPSによると長男が帰ってこなかったあの日、彼は家から数十キロ離れた道端で発見されたらしい。その時点で腕を異常に痛がったため、不安になったホストマザーが病院に連れて行ったところ、骨が折れており、即入院。

担当医が「何が原因だったのか？」と長男に確認すると「父親との喧嘩が原因だ」と答えたため、虐待だと判断。CPSに連絡を入れ、今に至るらしい。ホストブラザーとシスター、そして私にとって一番安全な場所（父親のいない学校）で一人一人にインタビューをしていると彼らは説明した。

そしてCPSは、ホストファザーについて「君の体験談も共有してくれないか?」と尋ね、私は**「やっと気づいてくれた……」と胸のつかえが下りる思いで**、今までのことを包み隠さず話した。

留学初日から様子がおかしいと感じたこと、目の前で長男が首を絞められたこと、ワイングラスが私めがけて飛んできたこと、そして最後の喧嘩まで……CPSの二人は私の話を真剣に聞き、メモをとった。

最後に、「今日の夜、自宅に伺いホストファザーと話し合いますので」と告げ、私は教室へ戻された。

今すぐ逃げなさい!!!!

その日の午後、私はスクールバスで誰よりも早く家に帰ってきていた(長男はまだ病院にいる)。

日本の両親にスカイプで連絡をし、「家族が修羅場なんだよ~」と学校であったことをのん気に説明していると、母の顔は一気に青ざめ、「ナルミ！　もしあなたが虐待のことを言いふらしたってホストファザーが勘違いしたらどうするの？」「被害がナルミに行くかもしれない！　今すぐパスポートと財布だけ持ってシドニーの家に行きなさい！」

　母の声は震える。

「そうかな？」とシドニーに連絡しようと携帯を握った瞬間、エリアコーディネーターから電話が入った。着信音が1秒もならない間に出ると「よかった、すぐ出て！今あなたの家に向かっているから、貴重品だけ持って外に！」と簡潔に言い、声のトーンで自分が置かれている状況の深刻さを理解する。

　すぐさま母に「今電話があって迎えが来るらしい」と伝えると、母は少し安心した表情で「よかった。じゃあ、すぐに準備して！」とビデオ通話を切った。

　財布とパスポートを持ち、5分後に到着したエリアコーディネーターの車に乗って誰にも顔を合わせることのないまま家を出た。

恐怖の電話

エリアコーディネーターの家に向かう道中、彼女は「ほかに行くところがなかったら私の家で過ごしてもらうことになるわ」と話し、その一言で「あの家に帰ることはもうない」と察した。

緊張の糸が一瞬にして緩む。吐く息の重さでそのまま助手席に溶けてしまいそうだった。

「エリアコーディネーターの家で過ごすのも悪くはないか」とも考えたが、彼女の家は高校から車で30分。学校に通うには遠すぎる。

そこで事情をシドニーの母親に相談すると「プログラムが終わるまでウチに来なさい」と言ってくれ、それに甘えることにした。

寂しさはない。あるのは安堵感と不安だけだ。

その夜、エリアコーディネーターに1本の着信が入る。彼女は画面を確認し、「あなたのホストマザーからよ」と私に伝えてから電話に出た。

すると「ハロー」と発する間もあたえず、「ナルミはいつも勝手に行動して!!!!」とヒステリックな罵り声が、まるでスピーカーフォンにしているかと錯覚するほどはっきりと聞こえてきた。

総毛だつ。心がえぐられる思いだった。

エリアコーディネーターは「私から連絡する予定だったんです！」とすかさず私を庇《かば》ったが、ホストマザーは「関係ない‼」と言わんばかりに責め続ける。「ナルミは私たちのことが大嫌いだったから！」「全て彼女のせいでこうなったのよ‼‼」

彼女は「私は悪くない」「悪いのは全てナルミだ」の一点張りで、私の安否なんて気にするそぶりさえみせない。

今にも崩れ落ちそうな私を目の前に悪口を聞き続けるエリアコーディネーター。まるで公開処刑のようだった。エリアコーディネーターは埒《らち》が明かないと感じたのか、「ナルミは今日このまま私のところに泊まって、今後はシドニーの家で過ごしますから！」と、電話を切った。

「大丈夫だから」と声をかける彼女の目はあわれみで溢れ、ズタズタになった私の心は涙さえしみた。

それから私は、ホストファミリーとの一切の連絡を断った。

鋭い視線

次の日、シドニーの家にドロップオフされた。

シドニーの家族は「大変だったね」とまるで血の繋がっている親戚を受け入れるかのように私を温かく迎え入れてくれた。**「これで大丈夫だ」腰が抜けそうになるのをグッと堪《こら》える。**

しかし、私は数日中に残してきた荷物を取りに行かなければならなかった。一人で向かう勇気などない。

シドニーと妹のオリビアにお願いし、ついて来てもらうことになった。

家に入るとホストマザーが「待っていたわ」と異常な温度感で私を出迎えたが、ただ「荷物を取りに来た」とだけ言い、二人に手伝ってもらいながら私物をなりふり構わずスーツケースに入れた。

外は快晴で鳥が楽しげに鳴いていたが、家の中の空気は重く、汚染されているかのように濁っている。

約1年間近く住んだ家にもかかわらず、片付けはほんの15分であっけなく終了。忘れ物はないかと入念に確認したが、彼らがくれた物は紙切れ以外、何もなかった。「ここには死んでも帰ってこない」スーツケースをシドニーの車にのせてホストファミリーの家を出た。

後に「あなたのホストマザーが私たちをすごい目で睨《にら》みつけていたんだよ」とシドニーとオリビアがディナーテーブルで話しているのを聞いて、私は彼女の顔を一度も見ていなかったんだと気づかされた。

ホストマザーの奇妙な行動

学校生活も残り2週間、苦痛で仕方なかった。

高校に行けば長女との顔合わせはまぬがれない。彼女は友達にどう説明したのだろうか？　長女のことだ。目の前で罵倒されてもおかしくなかった。

だが1週間たっても、2週間たっても長女は一切私に話しかけることはなかった。

目も合わせず、今まで一緒に生活してきたことが嘘だったかのように廊下で会っても無関心を貫いた。

ただそれ以上に奇妙だったのは、**ホストマザーのストーカーじみた行動だ。**

あの家を出た日から、メールを絶えまなく送ってくるようになり、「迎えは必要？」「あなたはまだこの家族の一員なのよ」と意味不明な文言ばかり（彼らと生活していた日々は、私がメールを送っても返信は大体“Okay”か“K”［Okay の略］などの1単語か1文字、そして既読スルーがほとんどだった）。電話が振動する度に緊張で呼吸が乱れた。

マザーの奇妙な行動は、毎日のおぞましいメールだけでは収まらなかった。

彼女は少なくとも3回以上長女と次女をつれてシドニーの家に押しかけ、「ナルミと会わせてくれ！」「ナルミが心配だ！」とシドニーの母に訴えた。

私はそのせいでドアベルが鳴る度にビクビクするようになり、それを心配したシドニーは「この部屋にいたら安全だから」と、毎回一番奥にある彼女の部屋にかくまってくれた。

「ナルミは大丈夫なので、お帰りください」

シドニーのお母さんの声を聞く度に、申し訳なさで胸がいっぱいになった。

最後のプレゼント

ホストマザーの行動は2週間ほどで収まり、精神的にも平穏な日々が訪れていた。

学校も最後の週を迎え、大好きだった先生、お世話になった学校職員、カウンセラーや部活のコーチにわずかながら贈り物と手紙を渡し、今までの感謝の意を伝えた。

卒業式まで残りわずか……、ふとスーンさんと次男のことが気になる。

最悪の結果になってしまったが、スーンさんには感謝してもしきれなかったし、何も知らない次男に「さよなら」も言えないままアメリカを去るのはとても忍びなかった。それをシドニーに相談すると「写真を並べたコラージュをプレゼントしたら？」と提案され、今まで撮った写真をプリントアウトし、3日かけて完成させた。

手紙を中に添えて、特に次男に向けては感謝の言葉を多めに書き綴《つづ》った。

卒業式と引き裂かれた心

空は卒業生を祝福するかのように青く澄んでいた。

私はシドニーに髪をセットしてもらい、プロムのドレスをガウンの中に着て……卒業式に参加した……はずだ……。

が卒業式については記憶がないうえに写真もなぜか残っていない。

私は帽子を空高く投げただろうか？　ちゃんと舞台の上を歩けただろうか？　それとも例外として卒業式には出ず、側で見ていただけなのだろうか？

「あの瞬間」以外の記憶は頭から抹消され、欠片さえ残っていない。

卒業式が無事終わり、シドニーの家族に祝福された。

後悔はなかった。「辛かったこともやっと過去にできる」「前に進める」とプログラムを最後まで終えた達成感で満たされ、数日後の帰国を考えればこの生活（シドニーの家族との日々）が懐かしくも思える。体重は結局8キロ増のまま、見た目はまだまだ「せんとくん」だ。

帰る前に今まで仲よくしてくれた友達、先生にお別れを言って回った。皆それぞれに「おめでとう」「よく頑張ったね」と優しい言葉と共に、お互いの出会いと別れを慈しんだ。

非常にいい気分だった。だがその時間が美しいものであればある程、私に残っている最後のタスクが心をよどませる。

「このまま帰りたい」とプレゼントを持ったまま立ちすくんだが、シドニーの家族が待ってくれていた手前、早めに事を済ませる必要があった。

意識して動かさなければ進まない足と、脈拍よりも早く震える指。心臓はどの舞台に立ったときよりも大きく波打ち、血液が体内を猛スピードで駆け巡るのが感覚でわかるほどだ。

ホストファミリーの姿が見えた。家族全員で卒業する長女を囲み、スーンさん家族は少し離れたところに立っている。私は、重い腕を上げながらゆっくり近づいていった。

最初に気づいたのは次男。「あっ」と勢いで振ろうとした手を瞬時にひっこめてしまうほど、そこには冷たい空気が流れていた。そしてその冷気は地面を伝わり、少し離れた私の所にも押し寄せてくる。

私はちゃんと彼らの視界に入る場所に立っていた。**だがみな目が合っても気づかないふり、ホストマザーに関しては私の存在に気づいているにもかかわらず遠くを見ることで完全無視を貫いていた。**

そうだ私は、彼らだけに見えない透明人間なのだ。

「これ以上は待たせられない」と、離れて立っていたスーンさんに「これ次男に渡しといてください」とお願いし、小声で「ごめんなさいね、でもわかったわ」という彼女の言葉に苦笑いする。その会話に要した時間は10秒もなかったはずだ。

数メートル先にはシドニーとその家族が車をつけて待ってくれている。

「やっと終わった……」気が緩む。「これからは希望しかないんだ」と光に向かって歩いた。

すると、「ドドドド」と何かが走ってくる。「なっ、なんだ!?」と振り返ると、**猛獣のように顔を真っ赤にさせたホストマザーが、スーンさんに渡したプレゼントをブン**

ブンと振り回しながら突進してくるではないか！

あまりの迫力に硬直する。

彼女は私の数歩手前で止まり、気管がはち切れんばかりの声で

「どれだけ私を傷つけたら気が済むの!!!!!!!!!」と、唾を撒き散らしながら怒鳴りつけ、渡したプレゼントを私目掛けてぶん投げた。

ホストマザーが私を見る目は憎悪にまみれ、身に起きた不幸の根源は「お前だ！」と周りに訴えているようだった。

言葉がでない——。

頭は真っ白なのに、心は血が滲み真っ赤だ。

その光景を目の前で見ていたシドニーのお母さんは「あんた何言ってるのよ!!!!」と、今にもホストマザーに飛びかかっていきそうな勢いだったが、呆然と立ち尽くす私に冷静さを取り戻し……シドニーの手に引かれてその場をあとにした。

車中、私はどんな顔をしていたのだろうか？

「なぜ最後まで自分を守ってあげられなかったんだろう……」

その悔しさと悲しみだけが引きちぎられた心を埋め尽くしていた。

めんそーれー

那覇空港に着いた。

「めんそーれ」の看板と息がしづらくなるようなネットリとした空気に、「リタイヤせずに終えたんだ……」と心の声が漏れる。

手荷物受取場を越え自動ドアを通り抜けた瞬間、**「おかえり、よく頑張ったね」と訛《なま》りのある声と大きなハグで両親が私を抱きしめてくれた。**

「帰ってきた……」

極度の疲労感と蓄積されたストレスが燃料となり記憶のページに火をつける。

そして……何も思い出せなくなった。それ以来、10ヶ月の留学に関しては一切喋れなくなり、察した母は何も聞かなかった。

WARNING

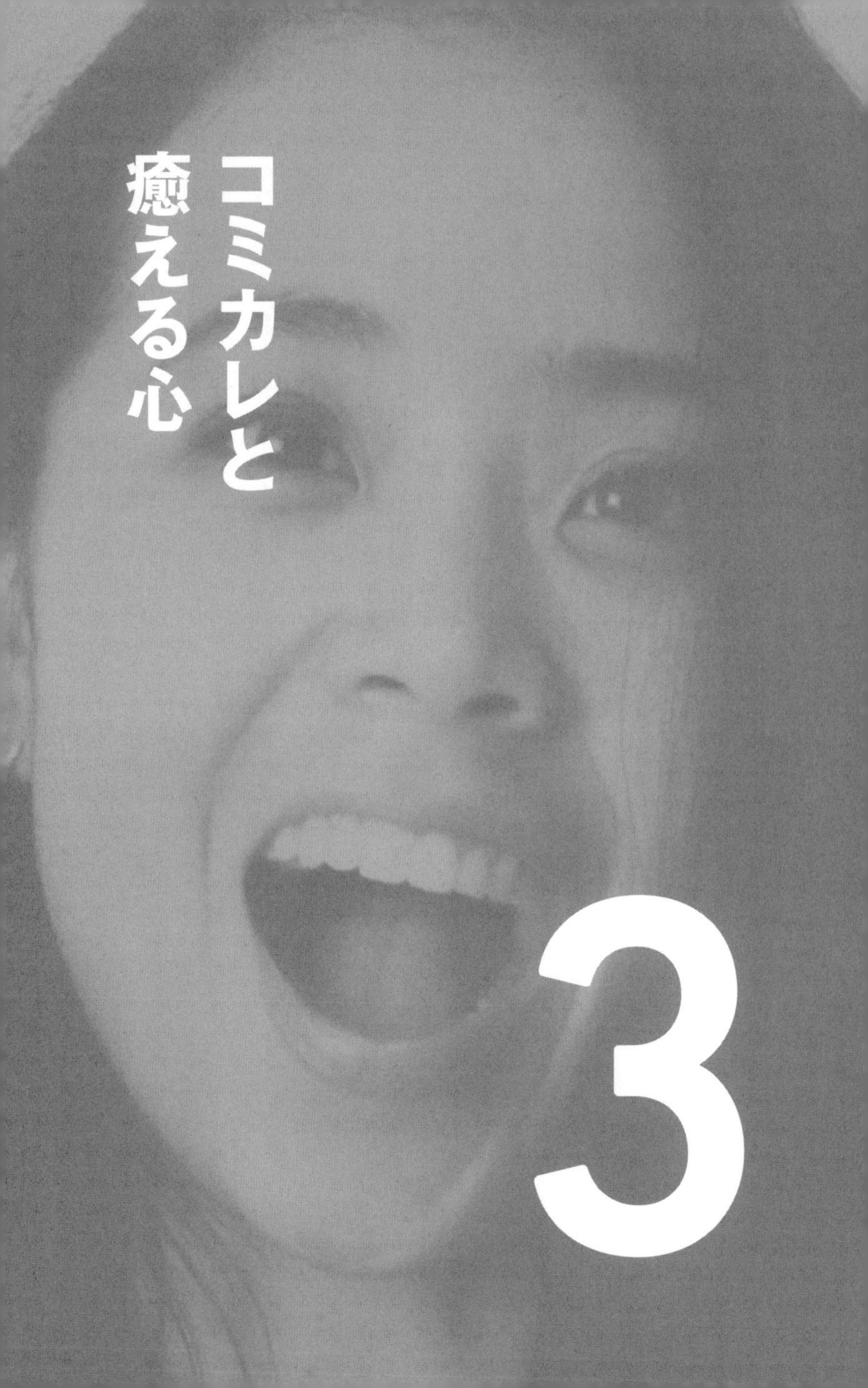
コミカレと
癒える心
3

ヌリカベに進化したミシュランマン

時差ぼけが完全に抜け切った頃、私は姿見鏡の前に立っていた。**この留学で私が身につけたのは英語力よりも贅肉のほうだ。**リビングルームの床に座ってテレビを見ていると、兄が「背中、壁みたいだな」と漏らし……。本気で「ヤバいな」と思った。

その一言が引き金となり私のダイエット生活が始まる。

灼熱《しゃくねつ》の暑さの中、通信販売で「痩せる」と話題になっていた頭から指先までビニルシート（いや、ゴム生地だったか？）で作られた全身スーツのコピー版を購入し、サングラスを掛け、『名探偵コナン』の「黒の組織」より黒い格好でランニングに励む。わざわざ早朝を選んでいるというのに、走り終わる頃には汗が滝のように流れ出た。

1ヶ月後は高校の（一人）卒業式。学校に戻るまでには、制服がちゃんと着れるようにと躍起になる。

まさかの留学希望者は私だけ

沖縄の生活に慣れ始めた矢先、母が「見せたいものがあるんだけど」と地元の広報誌を私に渡した。

Ａ４サイズの端にあった小さな広告には「海外姉妹都市大学・短期大学留学生助成金（市が交付する助成金）23年度受給者募集（最長２年間）」と書かれており、オリエンテーションの日時はちょうど２週間後だった。

私と同じ留学プログラムに参加したほとんどの学生は（他校も含む）、大学進学のために留年することを選択していたが、私は単位を変換しそのまま卒業する道を選んだ。本音を言うと、また高校３年生を繰り返すことを考えると気が滅入ったし、１年間バイトしながら心身を休め、大学に行くならアメリカの大学にしようと決めていた。

母に「行ってみる？」と聞かれたときは乗り気になれず「うーん……」と流したが、なぜか〝助成金〟というワードが頭から離れない……。数日間悩んだ末、「説明会だけでも行ってみようかな……」と参加する旨を伝えた。

「誰も今年行けと言っているわけではない」

「ただ話を聞き、来年の役に立てば……」と軽く考えていた。


オリエンテーション当日。会場である会議室は思っていた以上に狭く、入ると2組だけ（親のみ）が着席しており、生徒の姿はない。

「私だけか……」と首をかしげたが、予定時刻になったので説明会が始まった。

最初の40分は担当職員が姉妹都市にある大学についての情報や現地での生活を説明し、残りの30分は「スペシャルゲスト」として助成金を得て留学した男性が登場した。


OBの話はとても面白かった。

彼も私と同様、英語が全く話せない状態でアメリカの大学へ進学。寝る間も惜しんで勉強し、短大を成績優秀者として卒業。そのまま4年制大学へ編入し、学士号取得、アメリカでインターンを経験したのち沖縄に戻ってきたと話す。

自分の経験を笑いながら語る彼は、**私が目指している姿そのもの……、目はキラキラと輝き、希望がオーラとなって滲み出ているみたいだった。**

自信喪失している私とは大違い。

「彼のようになりたい……」

終わる頃には、憧れさえ抱いていた。

説明会の後、担当職員と先ほどのキラキラＯＢに呼び出された。「いつ留学したいの？」と尋ねられ、「来年を予定してます」と答えると彼らは「ぜひ今年留学して欲しい」と言う。

詳しく聞いてみると、現時点で候補者がいないため、私が応募しなければ来年の助成金がカットされる可能性もあるらしい。

彼らの「君が留学すれば、次世代の将来にも繋がる」とのエールに過度なプレッシャーを感じ、咄嗟に高校留学について触れた。

シンプルに「少し考えさせてください」と伝えるまでにどれだけの言い訳を並べただろうか。

グッタリした状態で家に帰ってきた。

また決断を迫られる

そして、説明会について父に詳しく話した。

ＯＢのこと、応募者がいないこと、そして私が行かなければ助成金が打ち切りになるかもしれないことなど……。伝え終わり、「でも今年は行けない」と最後に念を押した。帰ってきて2週間、「あの1年を繰り返す……」想像しただけで、目眩《めまい》がしそうだった。

「今はまだ行けない」「今はまだ……」

両親は私の選択を尊重してくれ、それ以上は言及しなかった。

だが、悔しさと惨めな思いは影のように私を追い回す。

両親とスタバに行ったときに前に並んでいた軍人さんの英語が耳に入ったが、やはり１００％理解はできないし、ＦＭ89・１（米軍基地から配信されているラジオ）をつけても20％も聞き取れない。リスニング力は幼稚園児以下、スピーキングに至っては３歳児未満。その状態で「留学をしました！」と公言するのがたまらなく恥ずかしかった。

一度「行かない！」と決断したものの、時間が経つに連れて「本当にこのままの英語力でいいの？」「悔しくないの？」「惨めじゃないの？」とプライドエベレストが顔を出し始めた。

私は本当にこのままでいいのだろうか……。

数日間、自問自答を繰り返した末に終止符を打ったのは父の言葉。

「チャンスの神様は前髪しかない」

「目の前に来た瞬間に捕まえなければ、二度とやってこない」

すると、**「今、この情報が舞い込んで来るということは、何か意味があるのかもしれない」**と私にスイッチが入る。

どんどん「休みたい」という気持ちよりも「このままでは終われない」という悔しさのほうが大きくなり、2日後には「ぜひ行かせてください」と担当職員に連絡を入れていた。

常に期限ギリギリの私

決意後は早かった。

助成金を申請するには作文の提出と面接がある。作文は芥川賞受賞者並みの世界観で、留学1年目の苦労を涙ぐましく綴《つづ》り、面接では「沖縄の未来に（私に）清き一票を!!」と政治家のごとく力説。数多くいる応募者の中から（嘘である）晴れて助成金を勝ち取ることに成功した（一人しかいなかっただけ）。

秋学期スタートまで2ヶ月弱。

エイジェンシーを介しての留学ではなかったので、自らコミカレ（コミュニティカレッジ）のInternational Student Office（留学生専門の事務所）にメールを送り、彼らの指示を仰ぎながら必要書類を揃え、24時間待っても連絡が来ない場合（アメリカで頻繁にある）は直接電話を入れて箇条書きにした質問をぶつけた。

1度目の留学で「ほとんどのアメリカ人は（編み物の先生など例外はいるが）日本人ほど丁寧ではない」と痛いほど経験し、**「うざい」と思われるぐらいが丁度よいと**

学んだ。

「ふぅ……」

息がつける頃には、コミカレ入学まで1週間を切っていた。

ワシントンは希望の州？

再び、気づけば那覇空港の出発ロビーに立っていた。

「また始まる……」と竦《すく》む足を、「あの経験を乗り越えたから何があっても大丈夫」という自信が押してくれていた。小さくなる両親の姿に何度も手を振り、２０１１年9月（一人卒業式の数週間後）、私はまたアメリカ、ワシントン州へと旅立った。

ミシガン州と比べ、成田→シアトル間はかなり短く、あっという間にSeattle-Tacoma International Airport（シアトル・タコマ国際空港）に到着した。

上空から見たワシントンの景色は自然豊かで「すごいな」と着く前から希望に満ちた言葉が漏れるほどに壮観だった。空港はデトロイトよりもかなり広く、バゲッジクレイム（荷物受け取り場）に向かう途中に見かけたアジアンレストランの数々に「寿司があるのか⁉」「ベトナム料理も⁉」「えっ、タイ料理まで⁉」と動物園に来た子供みたいに興奮していた。

荷物を受け取ったあと、お世話になるホストファミリーと合流し、彼らに連れられて空港を後にする。

「ホストファミリーはもう懲り懲りだな……」と内心感じてはいたが、私が通う予定のコミカレはかなり小規模。それ以外の選択肢はなく、「仕方がない、土地勘を付けてアパートを借りよう」と計画していた。

ESLと世界平和？

コミカレは、レイクウッド市という自然豊かな田舎町にあった。

コミカレ主催の数学と英語の実力診断テストの結果、入学前にＥＳＬ（English as a Second Language）からのスタート。韓国人、中国人、香港人、サウジアラビア人、メキシコ人など世界各国の留学生と共に学び、意見交換や、議論、そして交流を深めることは視野を一段と広くしてくれた。

学生の中には国同士の争いからお互いをよく思わない人もいたが、時間を共有する中でわだかまりも解消され「個人レベルで他国民を知ることができれば戦争はなくなるのにな」とＥＳＬという小さな世界で社会の問題点も学んだ。

ＥＳＬは半年で修了、正式にカレッジに編入する。

英語はまだ大学生レベルには足りず、授業コードが98、99のクラスを受講しなければならなかった（大学レベルの授業は１００以上で表記されていた）。それ以外は、アカデミックカウンセラーと相談しながら自分のレベルにあった授業で固め、Business LawやAccountingなど難しい教科は2年目に受講できるようにスケジュールを組んだ。

短大の攻略方法？

やはり短大の授業は高校、そしてＥＳＬの授業よりも難しかった。

そこで私が勉強についていけるように意識した点は次の３つ。

授業前、教授に挨拶をする。

初回の授業が始まる前に教授に挨拶し、英語に少し難がある旨を伝える。ちゃんと前もって教授と話し合うことで、わからない箇所や、難しい課題が出たときに丁寧に教えてもらえたり、課題自体を簡単にしてもらえることがあった。

教授のオフィスに行く。

オフィスアワー（教授が設けている、相談や質問に行ってよい時間）に頻繁に顔を出すことで、教授と信頼関係を作り「私、頑張ってます！」とアピールする。教授も人間、必死になって向き合おうとしている学生を無下にする人など滅多にいない。より詳しく授業内容を教えてもらえたり、テスト範囲まで教えてもらえることもあった。

最前列に座る。

一番前の席に座るのもやる気があるアピールの一つ。後ろで携帯をいじっている学生よりも、前列で真面目に授業を受けている学生のほうが当然印象もよく教授にも気に入られやすい。

このように、現状を認め、**積極的に自己アピールすることと素直に助言を仰ぐことが味方を多く作り、他国で逞しく生きていく方法の一つなのだと前回で学んでいた。**

ルームシェアと日本人

ちょうど1クオーター（4学期制だったので、1学期＝1クオーターと言う）が終わる時期に、ルームシェア相手を探し始めた。

最初の3ヶ月お世話になったホストファミリーはとても親切だったが、月々の家賃が高く（550ドル＝4万9千円［当時はドル安］）、「ルームシェアのほうが節約できる」という結論に至った。そこで当時ホームステイ先が同じだった香港人の女の子と一緒に何人か学生をあたってみると、ちょうど軌を一にする日本人二人に出会う。彼らとはESLでの顔なじみで、即意気投合。早々にアパート探しを始め、学校から歩いて3分の距離にあったコンドミニアム（3LDKで9万円／月）を4人で借りた。

英語力とコミカレでの日々

ワシントン州に来て2年目に突入（留学生活合計3年目）。

「リスニング力」は幼稚園児から小学生レベルへとパワーアップしていたが、会話の6割程度聞き取れればよいほうで、ビジネス英会話になると4割理解できるか否かだった。日本人とルームシェアをしていると、アウトプットの機会はほぼ皆無。スピーキングの伸びはかなり遅く、授業中は指名されないように目をふせ、英語ネイティブと喋る度に緊張で異常な汗をかいていた。

よって日本人との生活イコールデメリットばかりと考える人も多いが、前回の留学で深く傷ついた私にとって彼らの存在は癒やしそのものだった。

一緒にシアトルに遊びに行ったり、カリフォルニアにロードトリップに行ったり、節約のためにFood Bank（期限切れの食材を無料配布するボランティア団体）に食料をもらいに行ったり……お陰で食費が2万円以下で収まる月もある程で（最高5人暮らし）、留学1年目とは比べ物にならない極貧生活だったが、和気あいあいと試行錯誤する日々はとても楽しかった。

私はその経験から最低限で生活するノウハウ、屋根があればどこでも生きていける精神、そして「お金＝幸せ」ではないことも身をもって学ぶ。

短い恋愛と馬鹿な失態？

小さな恋もした。

唯一のアメリカ人の友達に「ナルミのこと可愛いっていってたよ」とフィリピン系アメリカ人のエリック（仮名）を紹介された。それから何度か学校で話すうちに気が合い「車で迎えにいくね」と正式（？）にデートに誘われた。

ほんのり緊張感が漂う車中、彼が“What are you craving?”と聞いてきた。

「クレー……クレービング……どういう意味だ？」と脳内はパニックパラダイスだったが、「こんな単語も知らないの⁉」とバカにされたくもない。プライドエベレストの私は奥の手を使った。

それは、理解できないまたは答え方がわからない質問をされた場合、質問者に「あなたはどう思う？“What about you?”と聞き返すことで、何を聞かれたかを判断するという必殺技だ。

それを用いてエリックにも、“What about you?”と聞くつもりだったが、「普通に聞くのもカッコ悪いな」と省略して“You?”と答える。

すると彼は突然顔を真っ赤にし、「えっ？　えっ？　あの……えっと……」とあからさまに取り乱し始めた。

彼の異様な反応に「的外れな発言だったかな⁉⁉⁉」と焦り、「違う、違う、違う!!!

"What about you?" って言いたかったの！」と必死でフォローを入れる。

「あぁ!!!!　だよね、そうだよね……へー……」とエリックは笑いでごまかしながら平常心を取り戻していった。だが、私はなぜ、彼があんな態度をとったのか一晩中気になって眠れなかった。


翌日、「どうだった？　進展した？」とアメリカ人の友達が聞いてきたので、一連の流れを説明。

すると彼女は「キャー!!!　キャー!!!」と興奮ぎみに、「ナルミそれ!!　何か食べたい物ある？って聞かれたんだよ!!!!」と叫ぶ。

一旦頭の中で昨日の会話を整理すると、致命的な失態に気づいた。

私は「何か食べたい物ある？」の質問に、「あなた」と答えたのだ!!!!

「あなたが食べたいな♥」と返されたら誰でもあわてふためく……（泣）

自分で言っておきながら、恥ずかしすぎて穴があればヒグマと一緒でもいいからずっと冬眠していたい気分だった……。

その失態から数週間後、エリックとのお付き合い(?)はあっけなく終了。というのも、2ヶ月以上デートしているのに彼が一切関係をオフィシャル(明確)にしなかったのが一番の要因だった。

日本では、告白が先にありデートに繋がるケースがほとんどだと思うが(私が知っている限り)、アメリカでは違う。1~3ヶ月程度のデーティングという曖昧《あいまい》な期間を経て(体の関係もある)、どちらかが「この関係って何?」と切り出し、世紀の謎が解明される。

そのルールにもとづき「私たちって付き合っているの?」と問いただすと「まだ友達でいたい……」と口籠ったのでイラッとして別れを告げた。

結局、付き合ってはいなかったらしい……。

コミカレ時代の小さな恋は、形になる前に消滅した。

4

出会いは突然に

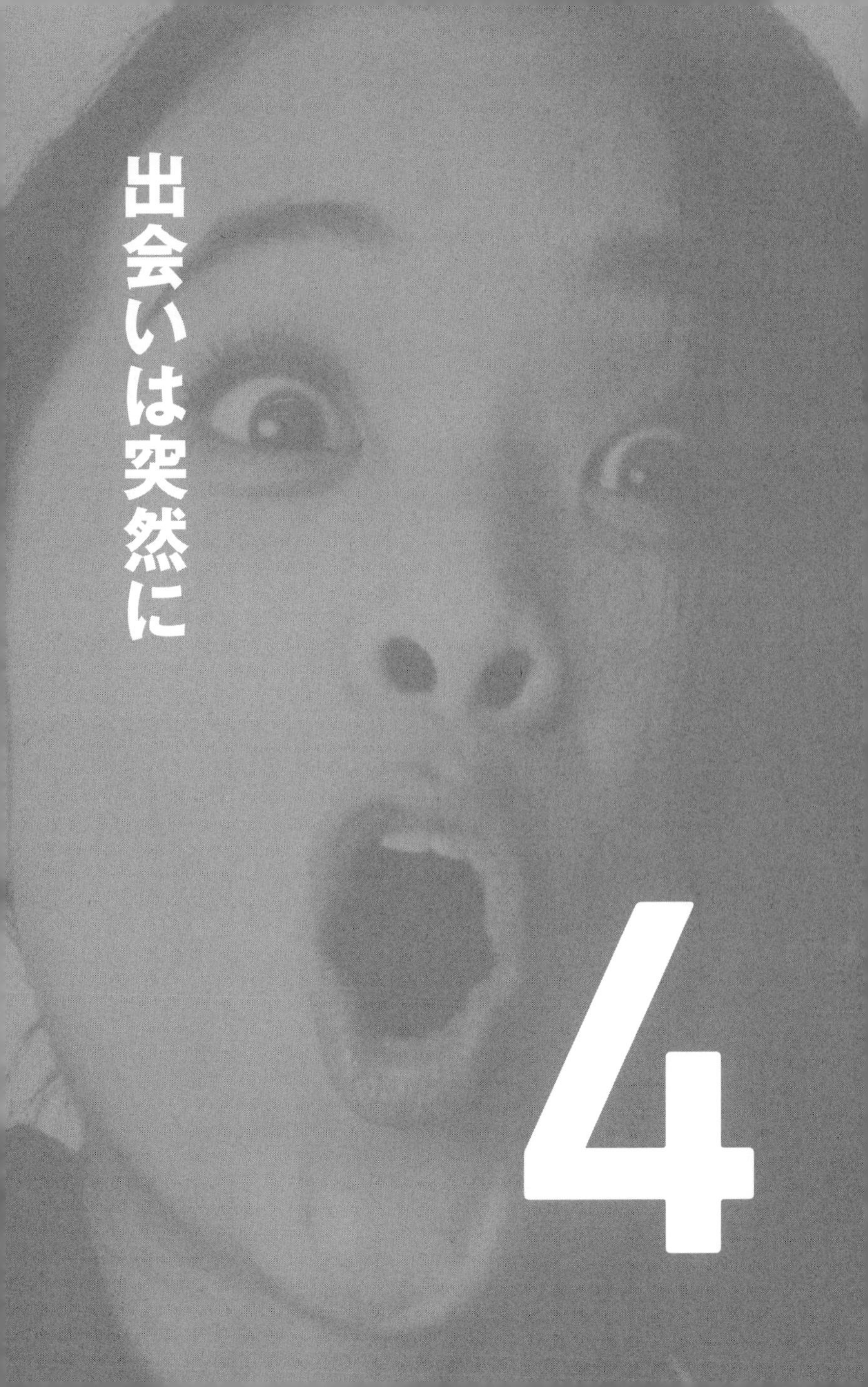

アメリカ企業と面接

卒業まで残り1学期というところで、仕事探しを始めた（学位を取得した留学生は、OPT［Optional Practical Training］ビザを申請でき、一般企業に就職できる資格が与えられる）。

進学組のほとんどがUniversity of Washingtonに編入を希望していたが、私は父の勧めもあり1年間アメリカで働く決意をした。

リクルーティングサイトに載っていた、私の学歴でも入社できそうな企業に手当たり次第履歴書を送っていると、一つの会社から「ぜひ面接にお越し頂きたいのでお時間ありますか？」と連絡が入った。「早っ!?」と脅威のスピード感に焦ったが、「ぜひお願いします」と即答し、その場で一次面接の予約を取る。

面接当日、指定されたアドレスをGoogle Mapsで検索すると、ちょうど30分離れた場所にその会社はあった。予定よりも1時間も早く着き、自分を落ち着かせるために近くのスタバに入る――。

面接の時間が来た。出迎えてくれたのは小柄で聡明な顔立ちの男性で「初めまして」

と握手を交わした際に目が合ったが、長めのアイコンタクトに慣れておらず、すぐそらしてしまう。「やばかったかな……」とも思ったが、事前のリサーチが功を奏し、意外とスムーズにインタビューが進んだ。

それから数時間後、一次通過の知らせを受け、二次面接の日が決定した。

インタビューで運命の出会い？

二次面接の日。

私は長い髪を一つに結び、両耳に当時ハマっていたごついピアス（拡長ピアスにみえる）、そして厳《いか》ついイヤーカフまでして面接に臨んだ。

なぜか「なめられたらいけない」とゲームのアーマー（鎧）を選ぶように威圧感しかない物を率先してチョイスしたが、今思えば恥ずかしいことこの上ない……。

会社に来るのはこれで2回目、一次よりもリラックスして待っていると面接官が「ナルミさんはいらっしゃいますか？」と名前を呼んだ。

その瞬間だったと思う。不覚にも恋に落ちた（具体的にはこの人と付き合うだろうと確信した）。

浅黒い顔にキリッとした眉、髪はちゃんとワックスで整えてあり清潔感がある。声は低めで耳当たりがよく、意識が飛びそうになるほど甘い……。**全てにおいてド真ん中ストライク、開始2秒でKO負けだった。**

彼は「初めまして、今日の面接を務めさせて頂くサンです」と軽く自己紹介をし、握手をするため手を差し出す。私もすかさず「初めまして」と笑顔で握り返したが、「手汗が酷くないかな」と気が気でならない。

面接の内容は彼に見惚れて頭に入ってこず、「わかったかい？」との質問に「はい、全て理解できました！」とホラを吹いた。

脳内は一面のお花畑。一緒に働けたら仕事内容なんてなんでもよかった。

Love is blind.（恋は盲目）

昔の人はよく言ったものだ。

仕事1日目と止まらない想い

仕事は意想外にあっさり決まった。

OBの留学体験談から「アメリカの就活は時間がかかるもの」と認識した上での行動だったが、見込みが大幅に外れてしまう。卒業までまだ1ヶ月、その間に採用が取り消しになったらどうしよう……と焦りで胸が締め付けられ、**「彼に会いたい」その一心でフルマラソンを完走できる勢いだった。**

卒業と共にルームシェアをしていたコンドミニアムを退去し、それぞれが各々の道へ進む。私は会社から10分圏内の場所にシェアハウスを見つけ、とうとう入社初日を迎えた。

ガチガチに緊張した状態でオフィスに向かい、声が裏返りそうになるのを必死で抑えながら「今日から♪働くことになった♪ナルミです……」とリセプショニストに伝えると、彼女はニコッと笑って「こちらです」と少し大きめの会議室に通してくれた。

私を含め6人ぐらいの新入社員が揃ってから、オリエンテーションが始まった。

スタッフの一人が業務内容と、数ある昇進のチャンスについてホワイトボードを巧みに使いながら説明してくれたが、緊張のせいか5割も聞き取れず「大丈夫かな、ちゃんとやっていけるかな……」と今さらおろおろする。

その後オフィスを案内されたとき、サンの姿が見えた。1ヶ月ぶりに拝む彼の姿はより輝いて見え、堂々とした風格が彼に対する憧れを加速させる。

やっと初日が終了。

会社を出ようと荷物をまとめていると、サンに呼び止められた。

彼は私に1日の感想を聞いた後、「これからは僕が君の直属の上司だから、何かあったら僕に聞いてね」と微笑んだ。

「まさか⁇!」「運命⁉!」少女漫画さながらの展開に心が跳ねる。

次いで彼は「これ明日までに覚えてね」と1枚の紙を渡した。

そこには10行ほどのセールスピッチ（営業トーク）が書かれており、テクニカルな単語（Fiber Optics／光ファイバー）も含めると、完璧に覚えるのは時間がかかりそうだった。

明確になる仕事内容

就職先は自由なアメリカのイメージとは違い、社員は必ずスーツ着用、そして男性は革靴、女性はヒールをはかなければならなかった。

そしてもう一つ、一般企業と違ったのは、朝礼だ。メインロビーでの声出しや、チーム対抗ミニゲーム。人見知りプラス英語にコンプレックスがある私は、この雰囲気に慣れるのに一苦労……。

加えて、日々明らかになる業務内容はブラックの中のブラックだった。

1時間の朝礼が終わると、皆それぞれに指定されたフィールド（別名：テリトリー／半径1キロ圏内の住宅地）に向かい約6〜7時間、ひたすらドアをノックして回る、俗に言う訪問販売。

給料は完全歩合制で時間外労働は当たり前、朝9時に出勤し、フィールドから事務所に戻るのは夜8時。その後ミーティングや事務作業を行い、帰宅する頃には9時を回る。

最初の1週間はサンとフィールドを共にし、話し方やセールスの仕方を一から叩き込まれた。「僕を見ててね」と丁度お客様が見える斜め後ろに私を立たせ、ドアをノックし〝Hello…?〟と軽快に声を掛ける。ほんの数分にも満たない彼のセールストークは、ため息が出るほど洗練され美しかった。

少しでもサンに近づきたいと一生懸命だった私は、初日に「セールスピッチを録音させて欲しい！」と嘆願し、その音声を何度も繰り返し聞いた。日本語訛りが出ないよう、発音の仕方はもちろん、間の取り方、そして抑揚など、細かい部分にも注目し、完全コピーを目指す。

その甲斐《かい》あってか、挨拶もろくにできなかった私が、**1週間後には考えなくても口が勝手に動くようになっていた。**

初めてのパーティー

入社から2週間程過ぎたある日、サンは「今日、僕の家で新入社員歓迎パーティーがあるから」と私を誘った。

サンとは最初のトレーニング期間以降一度も一緒にフィールドに出ていない。というのも、「ほかのセールススタイルも覚えてほしい」との意向でトレーニーが変更になり、彼との時間は仕事後の軽い挨拶以外ほぼ皆無になっていた。

サンの招待に即答した私は、仕事終わりに近くのスーパーで手土産を買い、指定の場所に向かう。アメリカのパーティーは基本的に、予定時刻の30分~1時間遅れて始まるが、アメリカ人主催のパーティーに初めて参加する私は、指定された時間の5分前にドアをノックしていた。

「いらっしゃい」と通された部屋は、5人掛けのソファーとテレビがあるだけでかなり殺風景（サンはその時、3LDKのアパートを同僚二人とシェアしていた）。サンのルームメイト（同僚でもある）に「早いね」と笑われ、**初めてこの世界には5分前行動が迷惑になる場所があるのだと知る。**皆が集まるまでソファーの端にちょこんと座っていると、数分後にやって来た女性の先輩社員が「何時から来てたの?」と声を掛けてくれた。

彼女の名前はララといい、入社した当初から「大丈夫?」「無理してない?」「困ったことがあったら言ってね」と私を一番に気にかけてくれる存在だった。

突然のライバルと引き裂かれる想い

到着して30分後、皆が集まり始めた。

最終的に13人ぐらいが狭いアパートに集合し、ワイワイガヤガヤ缶ビールを片手に楽しそうにお喋りしている。そのなごやかな空気に浸りながら、経験しそこなった「青春」をここで取り返しているような気分になった（もちろん私はエナジードリンク）。

そしてパーティーも終盤に差し掛かった頃、突然同期の女の子が話しかけてきた。

彼女は高校を卒業したばかりの18歳。髪は**雨上がりの蜘蛛の糸のように**1本1本が光沢を放ち、そのせいか茶髪が光の加減によってはグレーにも見える。決して高くない身長は足の長さと細さでバランスが取れており、ちんちくりんな私と比べるとまさに月とスッポンだ。

職場で話しかけられたことは一切なく、目が合ってもニコリとも笑わないのに……。

「明日は嵐だな……」と思った。

「最近どう？　うまくやってる？」との不自然なスモールトークに、「普通……かなぁ？」と返すや否や、「そう言えばさ！」と彼女は本題に入った。

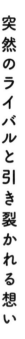

私の気持ちを知ってか知らずか、「サンのことが気になっているんだよね」とはっきり言い、「優しいし、頭がいいしさ、だから、彼がリーダーなんて羨ましい」と続けた。彼女の一言一句が膨張した想いをギュッと鷲掴みにする。

「そうなんだ……」相槌をうつだけで精一杯だった。

「リーダーって交換できるかな？」「サンに聞いて欲しいな」

彼女は返す余地も与えず「お願いね」と念を押し、「一応伝えてみるね……」と答える私に満足したのか、すぐに立ち上がりほかのメンバーのもとへ消えていった。

「最悪だ」ダメージが強すぎてそのあとは誰の話も耳に入ってこなかった。

部下でなくなったら私がサンに近づくチャンスは一生ない。現にこのパーティーでも話しかけられないまま時間が経っており、とうの昔に私の就寝時間は過ぎていた。

だが彼女が気になって、帰るに帰れない。

「彼女の帰宅を確かめてから……」探偵が犯人を監視するかのように頻繁に行動を窺う。

そして最終的にはサンを含め男性社員4人に、ララと私、そして彼女（同期）だけとなった。

サンはブラックアウト寸前……。

それを幸いとばかりに彼女はサンの側を一歩も離れず、「大丈夫～♡」とイチャイチャしだした……そんなときだった。

サンは彼女の肩に腕を回し、もたれ掛かりながら真っ暗な彼の部屋に消えていく。まるでスローモーションのように――。

「誰でもいいんだ……」洗い物をしている手が止まる。裏切られたような複雑な気分だ。

その場に立ちすくんでいるとルームメイトの一人が、「帰るには遅すぎるから、僕の部屋で寝るといいよ」と余っていた布団を貸してくれ、「僕の部屋のほうが安全だから」とソファーで泥酔している男性社員を横目にぼそっと言った。

私は一人天井を見上げながら自分の気持ちを整理する。

「サンはシングルだ」「私はサンの彼女でもない」行動の正当化に努め、「深入りする前でよかった、まだ大丈夫、引き返せる……」と想いを打ち消すのに躍起になった。

思考回路は暴走し、心臓は必要以上に波打っている。

生まれて初めての感情だった。

彼と彼女と思わせぶりな態度

夜が明け切る前に、荷物をまとめひっそりとアパートを出た。

数時間前よりも幾分落ち着いてはきたが、やはり普段通りとはいかない。深く考えないようにと音楽を聞いたり、溜まっていた洗濯物を片付けたり、あえて忙しくするも、結局頭を過《よ》ぎるのは昨夜の光景だった。


すると私の携帯が鳴る。

サンだ。

画面を直視しながら、出るべきか考える。もし「付き合いました〜」「昨日の事は内密に」などと報告されたら、立ち直れる気がしない。

一旦はスルーしようと放置したが、鳴り続ける電話を無視できず通話ボタンをスライドした。

サンは、「無事に家に帰れた？」「昨日は何時に帰ったの？」と私を心配する素振りを見せたが、できるだけ「大丈夫です。早朝に帰りました」と事務的に答える。「忙しいから」と電話を切ろうとすると、それを阻止するように「そういえば……」と月曜日のスケジュールについて話し出した。「別に今じゃなくてもよくないか?」と思いつつも、いつも以上に多弁な彼の話をただ聞き流していた。

話の切れ目に「そう言えば配属のチームって変えられるんですか?」と尋ねると、サンがあわてて「なんで?」「どうして?」「なんで変えたいの?」と矢継ぎ早に質問を返すので「いいえ、同期の一人が交代したいって相談してきたので……」と付け足した。

彼は間を開けてから「システム的にも、変えることはできないな……」と答えたが「わかりました……」と電話を切る私は、自分でもビックリするほどホッとしていた。

月曜日の朝。

いつも通り会社に行くとサンは目が合うなり話しかけてきた。

「日曜日はどう過ごしたの?」「何か楽しいことでもした?」

苦し紛れに「普通かな……?」とだけ言いその場をはなれたが、サンは突き放せば放すほど私の顔色を窺うようになる。

その日以来送られてくるメッセージの数は増え、最初は「きっと部下をなくすのが怖いんだろう」との考えに至ったが、それにしては思わせぶりがすぎる……。**まるで気があるかのように振る舞う彼に、恋愛経験の乏しい私はかなり困惑していた。**

人が会社を辞める理由？

入社してから1ヶ月が過ぎた頃、新人だけの強化合宿が行われた。**社長から「ここでノルマを達成できないとクビ」と言い渡され、**合宿行きの車内はいつになくピリッとした空気が張り詰めている。

参加したのは私を含め合計7人で、その中の5人が新人、2人が私たちをまとめる先輩だ。参加人数が少ないなと感じた私が、「○○は参加しないの？」と隣に座っていた同期の一人に聞くと、彼は平然とした顔で「昨日辞めたよ」と答えた。

訪問販売は入れ替わりが激しい。完全歩合制な上に、拘束時間は1日12時間以上、挙げ句の果てには日曜日しか休みがない。

そんな会社、誰が続けたいと思うだろう……。

研修で、社員が会社を去るのは法則があると学んだ。

それは3つのクライテリア（判断基準）、①職場環境（人間関係）、②賃金、③自分の成長のうち、二つに満足できないときらしく、私に当てはめてみると時給は最低賃金を大幅に下回ったが、**たしかに職場環境（恋も含め）と自分の成長には満足していた。**

質問力＝コミュ力？

この合宿は今までの成果を発揮する大舞台だ。

トレーニング期間は色々な先輩の（セールス）スタイルを見ながら「自分らしさ」を構築するのが目的だったが、私はそれを見出すのが誰よりも遅かった。毎回ドアをノックする度に「拒否されたらどうしよう」と不安になり、次の言葉がスムーズに出てこない。

そんな足踏みをする私に「ナルミ、コミュニケーションは質問力だよ」とサンがF・O・R・D・Sの法則を教えてくれた。**F・O・R・D・Sの法則**とは、F（Family／家族）、O（Occupation／仕事）、R（Recreation／気晴らし）、D（Dream／夢）、S（Sports／スポーツ）の頭文字を取った造語で、**その中の一つを題材に会話を始めれば誰とでも必ずスモールトーク（世間話）ができるというものだった。**

彼はドアをノックする前に、お客様が所有する車、ドライブウェイ（自宅の車庫）、そしてデコレーションを隈なく観察し、ネタを探しなさいと指示した。

例えば少し変わった車が駐《と》められていれば、車好きの可能性が高い。したがって男性が出てきた場合には「その車、とてもカッコいいですね！」「〇〇ですか？」とピンポイントに褒める。そして花や植物が綺麗に植えられていれば「綺麗なお花が咲いてますね」、犬を飼っていれば「とても可愛い犬ですね」「なんて名前のワンちゃんですか?」と興味津々に尋ねる。

人は自分の趣味や好きなものを褒められると「同じものが好き」=「仲間だ」と認識し、スムーズにセールスピッチに持ちこみやすいと彼は言う。

それからはサンの助言通り、すぐにピッチに入るのではなく(話し手)の個性、髪型、服装、車、玄関をまるでスキャンをするように観察し、覚えておいた英語のフレーズを場面に合わせて使用した。

車の場合="I love your car!" "Is it a Nissan GT-R?"
庭の場合="I absolutely love your garden!" "What kind of flower is this?"
犬/猫の場合="Awe, I love your dog/cat. What is his/her name?"(I love~はかなりよく使うフレーズ)

上手く会話をスタートできれば、後のプレゼンも容易になる。それを毎日何十回と繰り返すうちに、段々と恐怖心が和らいでいった。

これらの学びを経ての強化合宿。

今まで緊張で目も合わせられなかった私が、初めて誰の力も借りずに新規顧客を獲得した。「こんなに若いのに大変ね。お茶していかない？」と契約してくれたお客様にさそわれたが、「まだ仕事があるので」と丁寧にお断りしてその家を出た。

「よかった……」胸をなで下ろすと、視界がクリアになったかのように周りの様子が見えてきた。久しぶりに見上げた空は橙色と紫色がマーブルのように混ざり合い、目線の先にはシアトルの大自然が広がっている。

北風が頬に優しく触れるように吹いたとき、冬の訪れを感じた。

サンに連絡を入れ、「ノルマ達成したよ！」と報告すると、「よかった！」「嬉しいよ！」といつもより率直な彼に、

"I cannot wait to see you."と初めて本音を漏らした。

その日は私の誕生日。

心は甘酸っぱい気持ちで満ちていた。

辞められない理由と焦る気持ち

強化合宿から数日後、サンを狙ってたであろう同期が会社に来なくなった。「クビになった」と噂する人もいたし、「リーダーと喧嘩した」と推測する人もいた。社内で色々な憶測が飛び交う中、真相を知るのは社長のみだ。

辞めた途端、仲がよかった（であろう）メンバー全員は、彼女との連絡を絶ち、パーティーが開催されても退職者が招待されることは二度となかった。

この一件から、「この交友関係を維持する条件は、クビにならないこと」と肌で感じた私は、徐々に自分が置かれている立場の弱さを理解する。

私自身（強化合宿はなんとか乗り越えられたものの）、気持ちのアップダウンから成績の変動が激しい。例えば、1週目はハイローラー（1日に100ドル以上稼ぐ人）になれても、次の週は成績がすこぶる上がらない。その度に社長室に呼ばれ「セールスは気持ちの持ちようだよ」「思考が君の目を通してお客様に伝わるんだ」とアドバイスされた。

会社に入った当初は真面目さだけが取り柄の私がクビになる未来など夢想だにしなかったが、**「このままでは危ない」と焦り空回りする。**

あやふやな関係

同期の姿が消えてから数週間、私とサンの距離（関係）は急激に縮まった。

彼女が働いていた頃は、サンからの思わせぶりなメッセージも「勘違いするな」「騙されるな」と半強制的に流していたが、いなくなってからは一層、難しくなる。


そんな中の懇親会。

夜中の2時を回り、皆がソファーで酔い潰れている隙にサンは無言で私を部屋に呼ぶ。

今回は酒の勢いでも、意識が飛んでいるわけでもない。

理性は「絶対にダメだ！」「後悔する！」と耳元で叫んでいるのに、本能は「それでもいいから一緒にいたい」と重い足を前に動かす。

私は間違っているのだろうか……？

そして私と彼のあやふやな関係は幕を開けた。

彼の素顔？

その夜を皮切りに彼の家に頻繁に上がり込む日々が始まった。

彼のルームメイトとララは、気を使い見て見ぬ振りをし、私たち自身は以前よりも言動に注意を払う。

契約社員とアシスタントマネージャー候補……。私が立場をわきまえなければ未来などない。

サンはビジネス上のコミュニケーション能力は誰よりも優れていたが、恋愛に関してはとても不器用だった。

会社の彼は建前で、二人のときの会話はゼロ。私が彼のことをもっと知りたくて踏み込んだ質問をしても氷山の一角ほどしか情報は得られない……。

そんな中、久しぶりに二人でフィールドに行く機会を得る。

いつも通り当たり障りのない世間話を続けていると、彼が切り出した。

「……僕は、I love youって簡単に使わないんだ」

唐突な発言に「どういう意味？」と冷静を装いつつ聞き返すが咄嗟に目線を窓に向

ける。

「結婚を決めた相手にしかI love youって言わないんだ」

釘を刺された気分だった……。

〝遊ばれている〟

わかっていたことなのに。

胸がズキッと痛んだ。

クラブで事件です

働き始めて4ヶ月が経った頃、初めて社長から「ダウンタウンに行こう」と誘われた。

社長は身長が190センチ以上のモデル体形。性格もかなり外交的でカリスマ性があり、男性社員の多くが憧れを抱いているみたいだったが、私は社長が怖くてしかたなかった。

彼の異常に大きい声は、側で話しかけられると鼓膜が破れそうだったし、やることなすことが豪快すぎて、威圧的でしかなかった。

加えて社長はパーティーアニマル（パーティー大好き人間）。休日の度にお気に入りの部下を連れてシアトルに出向いては、バーを梯子《はしご》のクラブ通い、遠距離恋愛中の彼女がいるにもかかわらずやりたい放題だった。

社長はよく「セールスのセンスを失わないためにもナンパは必須なんだよ」としたり顔で言い、駆り出される部下は皆、社長が選んだ女性にアプローチしなければならず（パワハラの極み）、特にサンは社長のお気に入りで、毎週のごとく招集されていた。


夜9時に家を出て、ダウンタウンに10時頃到着。

参加した10人でバーを梯子し、私とDD（ハンドルキーパー）のララ以外は浴びるように酒を飲んで、夜の街を謳歌している。社長がいる手前、サンとはある程度距離を取っていたが、次々とショットを飲み干す彼の姿に気が気ではなかった。

3軒目のバーを出て、4軒目、シアトルにあるクラブTrinityに着いた。

私とララは、グループをはなれバーカウンターへ向かうが、ただ水をもらうだけで

15分以上かかってしまう。

人混みを〝Excuse us.〟と掻き分けながら前へと進んでいると、サンが知らない女性にグラインディング（お尻を相手の性器に押し当て踊ること）されている姿が目に入る。

「……誰あれ？」

すると女はサンの顔を両手でつかみ、ディープキスを始めた。

一瞬にしてテクノミュージックと、ひしめき合う人の声がキーンという耳なりに変わり、

「見なければよかった」「来なければよかった」「好きにならなければよかった」と後悔の嵐が押しよせる。

「少し外の空気を吸ってくるから……」と辛うじてララに伝えその場を離れた。

「彼は酔っていたから仕方ない」「私たちは付き合っていないのだから仕方ない」「私には魅力がないのだから仕方ない」「……仕方ない」

夜のシアトルは、私の心と体を怒涛のごとく冷やす。

なぜか切れない関係

クラブが閉まる15分前、グループ全員が外に出てきた。

泥酔したサンと社長が肩を組みながら厚顔無恥《こうがんむち》な態度でゲートに現れたときには、両方の頬を引っ叩《ぱた》いてやりたい気分になった。

彼らはクラブの真横にあった移動型の売店でホットドッグを買い、駐車場まで歩く。社長がほかのメンバーに気を取られている隙にサンが私に千鳥足で近づき「ほら」とホットドッグを差し出した。

怒りで煮えたぎっていた私は「いらない!!!!」と突き放そうとしたが、湯気が出るほど熱々なホットドッグとその美味しそうな匂いで本能的にパクッと一口――。

冷えきった身体が、胃のあたりからジワジワと温かくなり「美味しい……」無意識に声が出た。

「だろう？」サンは優しい目をして笑う。

「寒いね」そう言い終える前に、彼は着ていたコートを私の肩にかけ、そのずっしりとした重みと彼の体温、そして鼻をくすぐるような香水の香りが冷えきっていたはずの心まで満たしていった。


サンはまるで猫みたいな人だった。構って欲しいときだけ近づき、満足すれば去っていく。自由奔放で自分勝手。

牙を剝《む》く度に手放したくなるが、刹那《せつな》に感じる快楽はまるで麻薬のようだ。

そして私は少しずつその一瞬に依存していく。

結果が出せない私と、社長

闇雲に頑張っていた最初の頃より、仕事で結果が出せなくなっていた。

仕事を始めてから5ヶ月。誰よりも早くフィールドに出向き、休まずドアを叩き続け、注意されたことは全て直し、またそれ以上の努力をしているつもりだったが数字として表れない。

そのうち結果が出せない原因は「英語力の無さだ」と決めつけるようになる。「英語が母語だったら……」「このアクセントのせいで……」「どうしてもっと早くから勉強してこなかったんだろう……」過去を悔やみ、現状を嘆く……終わりのない負のサイクルだった。


そして再び社長室への呼び出しをくらう。

社長は職業柄か軽いスモールトークをしてから「君の英語力は十分だよ」と本題を切り出した。

すかさず、「でも伝わらないときがあるし……皆困った顔をする……それに!!」と御託を並べようとムキになると彼は容赦なく遮った。

「君は英語力のせいにしたがるけど、本当にそう？　僕は君の英語が不十分だとは思わない」

「同僚のマットはどうだい？　彼は、君とほぼ同じバックグラウンドだけどちゃんと成績を残している」

（マットは私よりも少し前に入ったInternational Studentで、同じく語学習得と大学進学が目的で渡米、聡明であったが喋る英語には強い訛《なま》りがあり、時折私も聞き取りに苦労した。だがセールスの成績は常に上位に君臨し、社員全員から一目置かれる存在だった）

社長は「問題は全て君の精神的な部分から来ている。一旦マットと一緒にフィールドに出てみなさい」と言い渡した。

マットと私と自尊心

初めてマットとフィールドに出た。

やはり文法力はマットのほうが上で単語もより多く知っていたが、発音の綺麗さでは私のほうが優《まさ》っていた。

だが、マットと対話するお客様は雰囲気がより柔らかい。私が「買う意思がないな」

と判断した人でも、彼の的確な質問でプレゼンが最後まで進むことも多々あった。

私は彼との決定的な違いを探したが何もみつからないまま時間だけが過ぎていった。

マットは一切私のセールススタイルについて言及せず、取るに足らない話をしていたが、「君は自分がお客様からどう見られているか考えているかい？」と残り30分になったとき核心にせまった。

「君はお客様とちゃんと目を合わせていない」と彼は続けて、私の改善点を一つ一つ丁寧に述べた。

君はよくバインダーに視線を落とし、お客様の目を見ようとしない。多くのアメリカ人は、目を合わせない＝嘘をついている、もしくは隠し事があると感じ取るんだよ。

それに、君は常にバインダーを両腕で抱えているが、相手の前で腕を組む＝防衛反応、または自信がないと感じ取られる。もし相手に安心して欲しければ、バインダーは必ず側に持ち胸部は大いに開放すること！　するとより自信があるように見えるし、壁も外せる。

そして君は周りをよく見ていない。自分のことで精一杯なのはわかるけど、相手がどんな表情をしていて何を考えているのか察するのは非常に重要だよ。

セールスの上級者ともなれば（例えば、サンとか社長は）、相手の仕草に自分の仕草を合わせていく。相手が腕を組み始めたら己も腕を組み、相手が髪を触れば己も髪を触る。ちなみにそれはセールス用語でMirroringと言うんだけど、その行動は無意識に「この人は同類だ」「信頼できる」と相手を安心させる。

またその上もあって、相手が高頻度で使うフレーズをインプットして、自分の文章に組み込んだり、相手の訛りを自然に真似て喋るといった方法なんかもあるんだよ。例えば、僕が中国語を喋れる人を見ると安心するように、君も日本語が話せる人に出会うとほっとするだろう？　それと同じ効果を生み出せるんだ。

僕らの場合、そこまでする必要はないけど、**コミュニケーションは言語だけでなく、ボディーランゲージ、アイコンタクト、声のトーン、表情など全ての総合評価なんだ。**君はお客様と話すとき、声がワントーン上がるけどそれもやめたほうがいい。ちゃんとハリのある君の地声を使うべきだ。

でも一番重要なのは全員に買ってもらおうとしないこと。だってそんなの不可能なんだから。君は、君を信頼してくれる人を大事にすればいいんだよ。

アメリカに来て4年目。

数ある媒体の**「英語は文法だ／発音だ／単語力だ」**という謳い文句に囚われていたが、実際はそれだけではなかった。その全てが完璧でも理解されなければ意味がない、英語はただのコミュニケーションツールに過ぎないのだ。そして相手によって捉え方も様々で、伝え方を間違えれば、真逆の意味にだって取られてしまう。

私にとって大きな収穫だったが、**自分の前に積まれている課題の高さに目が眩《くら》みそうだった。**

クビ宣告

それからマットに指摘されたことだけを意識しながらセールスに臨んだ。

この仕事の唯一よい点は、アウトプットできる機会が（嫌でも）あることだ。一人目のお客様の前では、ボディーランゲージを意識しすぎて声が裏返ってしまい、二人目のお客様の前では、地声にこだわりすぎてアイコンタクトがちゃんと取れなかった。やるべきことは理解していても、実践するのは至難の業。

やがて時は徒《いたず》らに過ぎ、マットとフィールドに出てから約2週間が経った……が、私は未だに十分な結果を残せずにいた。

とうとう社長からの招集命令。

「ここ2週間、結果が出てないね」

彼の鋭い言葉に、黙り込む。

社長はお構いなしに「頑張っているのはわかるが、この成績では君を雇い続けられない。わかるね？」**「もし今日結果が出せなければ、クビだから」と最終宣告をした。**

目の前が真っ暗になる。

「クビ……私がクビになる？」

放心状態のまま、社長室を退出。

息苦しくなったのでトイレの個室に駆け込む。

「彼との関係はどうなる？」「職を失ったらどうしよう……」「せっかく作った友達は？」「私はこれからどうすればいい……？」

いつかこの日が来ることはわかっていた……ただ考えないようにしていただけだ。

パニックになっていると、サンからメッセージが入る。

「社長から聞いたよ」「僕は君のテリトリーの近くだから、もしギリギリまで結果が出せなければ一緒に回るから」と書かれてあった。

「ふぅ……」深い息をはく。

そして私は最後になるかもしれないフィールドへ向かった。

諦めの先で

セールスピッチの真っ最中でも「クビ」という二文字が頭を離れない。

「一件でもいいから、誰でもいいから、お願いだから買って!!!」

飢餓寸前の獣みたいに、もがいた。

初めは気丈に振る舞うことでなんとか笑顔を保ってはいたが、次第に「Ｎｏ」と言われるのも、嫌そうな顔で拒絶されるのも堪えがたく、ついには街路樹の下に座り込んでいた。

「もうダメだ」気力が湧いてこない……。

「最悪だ……」「もう頑張れない……」ホロホロと涙が溢れ顔を腕に押し付けた。


「無理!!!!」

「努力しても無理なものは無理!!!!」

スズメは鷹になることなんてできない。

「なんでこんなにも駄目なんだ……」

「もう嫌だ……」

どんどんネガティブになる思考、そして考えることさえ疲れてきた。

肘をつきながらアスファルトをぼーっと眺める。

するとアリの行列が視界に入った。

よくみると一歩、一歩……小さな歩みを永遠に続けている——。

ふと……

「一体、私はなんにしがみついているの？」疑問が湧く。

仕事？　好きな人？　友達？　プライド？

それらを失ったらどうなる？

死ぬのか？　いや高校留学に比べれば選択肢があるだけマシだ。

じゃあ、全部なくなったらどうなる？　ただ振り出しに戻るだけだ、ゼロになるだけ。

ゼロになったらどうする？　また何かを始めればいい。私はこの仕事には向いていなかった、それだけだ。

その事実が私を定義するわけではない。

大丈夫……。きっと私は大丈夫。

すると自然に肩の力がぬけた。英語を完璧に喋ろうとか、理解してもらいたいとか、よく見られようとか……。どうでもよくなった。

ただ最後になるかもしれないフィールドを楽しもう。**お客様にもマニュアル化さ**

れたフレーズではなく、素直な気持ちを言葉にしよう。英語が理解されなければそれでいい。理解してもらえる人を探そう。

「もう少しだけ続けてみるか」涙を拭って、一歩踏み出した。

それからほどなく、商品が売れた。

何が変わったのだろう？――。

お客様の家を出たタイミングで、サンから連絡が入り、契約を結んだ旨を伝えた。彼は「よかった!!!!　君ならやれると思ったよ!!!」と大喜びだったが、「ありがとう」と電話を切る私は、至って淡々としていた。

足音だけが異様に響く殺風景な住宅街を、ゆっくり歩く。

……と突然、予期しないインスピレーションが頭をよぎった。

恐れていたのは他人の評価。

学歴、成績、努力の量？　何かを成し遂げるから偉く、結果を出せなければ価値がない？

結局、**しがみついていたのは「誰かに認めて欲しい」という承認欲求だったのだろうか？**

ネイティブが怖いのも、社長が怖いのも、そしてお客様が怖いのも、人格を否定されると思ったからだ。つまらない人間と判断されると思ったからだ。

上手くいかない現実を人や環境のせいにしてズルい、醜い、弱い、どうしようもない自分に目を背けるのは楽だった。

でも、みじめな自分自身と向き合って実感する。

何も持ってないと思っていた自分は、全てを持っていたし、全てを持っていると思っていた自分は、何も持っていなかった。

マットが言った、「君は、君を信頼してくれる人を大事にすればいいんだよ」の意味がやっとわかった気がした。

クビを免れた私はアップダウンはあるものの、今までのような執着は薄れていた。

一方、サンとの関係は平行線で、10ヶ月以上たった今でもあやふやな関係が続いている。

サンは相変わらず泥酔しては色々とやらかしており、社長主催のパーティーに出かけたかと思うと翌朝リビングルームで誰かほかの女性を後ろから抱いたまま寝ていたり、社長の命令で引っ掛けた別の女性と公共の面前でイチャイチャしていたり……絶えない心労は、彼に対する信頼を失墜《しっつい》させ嫉妬心だけを膨張させた。

彼の昇進

私が働き始めてもうすぐ11ヶ月目で、彼の昇進にリーチがかかった。

勤めていた会社はセールスの成績がよければインタビュー（新人採用時の面接）の機会をもらえ、面接した相手が就職すればその人を直属の部下にできる（サンが私を雇ったように）。そして直属の部下が5人揃い、そのうち二人以上が新しい社員をリクルートするとアシスタントマネージャーになる権利を獲得、それを踏まえて、2週間連続で3千ドル／週（グループ全員）の売り上げをキープできれば晴れてマネージャーに昇格となる。

サンの勤続年数は4年。このチャンスに幾度となく遭遇し、その度に機会を逃してきた。

だが今回は違った。グループの結束が強く、また社長の（サンに対する）思い入れも一段と深かった。社長はリーチがかかった2週間、チーム全員をセールスが取りやすいテリトリーに送り出し（本当は許されていない）、思惑通り目標を達成させた。そしてサンはマネージャーへの切符を摑み取る。

昇進したサンには、ラスベガスで会社を立ち上げる権利が与えられ、メンバーのほとんどが彼に付いて行く覚悟を決めていたが、私はその狭間で独り煩悶していた。

契約終了後、即帰るべきか、残り60日の滞在期間を一緒に過ごしたいと伝えるべきか……。結論は一向にでないまま。

明確になる関係

契約満期の2週間前、マットから「明後日この会社を辞めるんだ」と告げられた。詳しく聞いてみると、母国に帰ってキャリアを積むそうだ。

私とマットはアジア人同士仲がよく、彼に「引っ越しを手伝ってくれ」とお願いされたときは、迷わず首を縦に振った。

マットはお礼にと中華街にあった有名な火鍋店に誘い、他愛のない話をしながらお互いに将来のプランや、過去のエピソードについて語り合う、まるで付き合いたてのカップルのように盛り上がった。

サンとは1年近く一緒にいるのに、デートに誘われたことさえない……。

だからこそ「デートってこんな感じなんだろうな」「この人と付き合ったら大事にされるんだろうな」と妄想に花をさかせた。

食事をすませ、マットが送ってくれる道中、電話が鳴った。

サンからだった。

狭い車内でマットと二人、電話に出るのは失礼だ。「マットと一緒にいるから心配しないで」と簡潔なメッセージを送る。するとサンは「何時に帰ってくる？」「迎えは必要？」「何か欲しいものはない？」いつもとは大違いな文面を返してきた。

嫉妬？　心が弾む。「よし焦《じ》らしてみよう」と思った。

近所の公園に差し掛かり、「少し話さない？」とマットが車を止めた。

二人で公園を歩いているときもやたら携帯が鳴り、無視し続けるのも可哀想なので通話ボタンをおす。

「今どこにいるの？」

「○○公園だけど」

「今行くから！」

「えっ⁉」返事をするまえに電話が切れた。

「サンが今から迎えにくるらしい……」

マットに伝えると、彼は少し驚いた表情で“Okay.”とだけ言った。

数分後、サンが公園に登場。急いで出てきたのかパジャマ姿で、髪には寝癖がついている。到着してすぐに、「そういえば、トランクにバスケットボールがあるんだ」と空気が若干抜けているボールでシューティングを楽しんでから「そろそろ帰ろう」と私を呼んだ。

マットに、「今までありがとう、元気でね」とハグをして、サンと一緒に帰宅。

車内で「どこに行ったの?」「お昼は何食べた?」などの取調官じみた態度に戸惑いながら、「……まるで所有物みたい」と違和感を覚えた。

今ハッキリさせるべきかもしれない。ラスベガス赴任は秒読みだ。

“What exactly are we?”――「私たちって一体何?」勇気をふり絞る。

サンは少し間を置いたあと、ケラケラ笑いだした。

何が可笑《おか》しいのだろう? 予想外の反応に調子が狂う……。

「なんだよ今さら、僕ら付き合っているだろ」彼は軽快に答えた。

あっけにとられ、

「付き合っているの?」もう一度聞き直す。

「そうだよ」

「でも前にあなたほかの女性とクラブでキスしてたじゃない」

「……?」

「知らない女性と抱き合って寝ていたし……」

「……???」

「ずっと、遊びなんだと……」まだまだ続く。

するとサンは、急に真顔になり、「なぜそれを早く言わなかったんだ！」「なんで止めてくれなかったんだ!!!」「僕が泥酔しているときは、君が止めてくれなきゃわからない!!!!」と逆ギレしだした。

「なぜ私は怒られなければならないんだろう」「これって私が悪かったの……？」腑に落ちないものの、邪念を搔き消す。

曖昧な関係からの昇格、それだけで十分だ。彼と出会って1年、やっと私たちの関係にラベルが付いた。

ビバ★ラスベガス？

〝彼女〟という称号を手に入れた私は、当然の権利のように「ベガスに一緒に行く」

と宣言した。

「行きたい」ではなく「行く」と断言すれば彼は「Ｙｅｓ」としか答えられない。**私は彼の〝彼女〟**。それぐらいのワガママは許してもらいたい（人は地位と権利を持つと傲慢さも手に入れるらしい）。サンに許可を得たうえで、ベガス組に伝えると彼以上に喜んでくれた。

ベガスに向かう1週間前に退職。余裕をもって荷造りをしたが、他メンバーは休みもろくにもらえぬまま、夜逃げでもするかのように荷物をまとめていた。


ワシントンからベガスへの道のりは、車で17時間以上。

ワクワクが膨らむ私たちと対照的に、気候の変化で小さくなっていく木々はとても興味深かった。そして長い砂漠を走り抜けた末、**蜃気楼《しんきろう》の如くその都市は出現した。**

シアトルかデトロイトしか見たことがなかった私にとって、ラスベガスは別世界。そびえ立つ高層ビルに、埃くさい空気、街ゆく宣伝カーには下着姿の女性と電話番号が書かれている。ストリップ（有名な繁華街）を歩く観光客は皆ほぼ水着姿で、片手には細長い風変わりなタンブラーを持っていた。

「……こんな街が存在するの？」窓ガラスに両手をあてて外を眺める。

するとサンは「夜はもっとすごいよ」と喜色満面で言った。

大事件発生……？

新居に到着する10分前に事件は起こった。

デポジット（敷金）10万円分の小切手を近くのスーパーで発行し、必需品を購入した後、リーシングオフィス（アパート管理事務所）へ移動する予定だったが**「小切手がない!!!」**メンバーの一人（ブレッド）が騒ぎ始めた。

全員の血の気が一瞬にして引き、パニック状態に陥る。

「なんでないんだよ!?」「カバンのポケットは？」「ズボンは？」「最後に見たのはいつ!?」問いただすと、ブレッドは「……最後にトイレの横にある台に置いて……」と話し終えるやいなや慌てて駆け出した……がもちろん小切手は跡形もなく消えていた。

その日、初めて激しく取り乱すサンの姿を見た。車中で叫び狂う彼にかける言葉もない。

すぐさま社長に報告し、状況を説明したが「これ以上助けられるだけの余裕がない、自分たちでなんとかしてくれ……」と切られてしまった。

ハンドルに顔を埋めるサン。

ふとTax Return（納税申告）で帰ってきた12万円を思い出した。

「貸してあげようか……」でも「社長が助けるべきではないのか？」

これはビジネス上の問題だ。部下の責任を取るのは上司であり、私が解決してしまってはよくないのでは……？

しかし居ても立っても居られず「……っ私が立て替えてあげるから！　心配しないで!!!!」と叫んでいた。

サンの瞳は一瞬にして輝きを取り戻し、「本当にいいの!?!?!?」「嘘だろう!?!?!?」「君は天使だ!!!!」発狂しながら私をギュッと抱きしめる。

すぐ10万を小切手に変え、その足でリーシングオフィスに行き、ことなきを得た。

サンは「君には本当に助けられたよ～」「君は最高だね」とありとあらゆる褒め言葉で私を持ち上げたが、「別件で、4万ほど貸して欲しいんだけど……」と切り出されたときにはあまりのショックで「私はあなたの財布じゃない!!!」と発狂し、以来彼がお金に関してふれることはなくなった。

"I love you."の重さ？

残された時間は30日。私はサンやメンバーとベガスでの新生活を楽しんでいた。サンは10万円事件から、態度が急変。史上稀《まれ》に見る溺愛っぷりで、「君がいてくれてよかった」「君がいないとどうなっていただろう……」「君は僕らを救ったんだ」などの砂糖菓子のような言葉の数々に「彼は私がいなければ生きていけないんだ」と勘違いし始めていた。

メンバーに給料が入るまでの数週間、貯金を切り崩しながら朝、昼、夜と食事を作り、できる限りのサポートをし続けた（そうでもしないと飢え死にしてしまいそうな程の貧困状態）。

着実に彼らのビジネスが軌道に乗り出した頃、日本への片道チケットを予約した。

私はサンとの関係に後悔がないよう、話し合う機会を作ろうとしたが、タイミングを逃し、とうとう帰国3日前となってしまう。

今日しかない……そう胸に「少し話せない？」と就寝目前をねらい切り出す。

思い出を振り返りながら「こんな事もあったね……」「あんな事もあったよね……」

と笑い合う。そして将来についてふれた。

「帰ってきたらどうする？」と尋ねると、「嬉しいね」と彼は答えた。

「帰ってきて欲しい？」聞き直すと、

「……そうだね。でもそれは僕が決めることではない……」と濁す。

彼らしい〝YES〟にも〝NO〟にも取れる回答。

考え込んでいるとサンは、「でも10万を返さないといけないから……帰ってきてくれたら、借りを返せるからいいかも……」と付けたした。

引っ越したばかりの殺風景な部屋に二人だけ……反響する声が子守唄のようだ。

私とサンは中古のマットレスに寝そべりながら、**天井のシミをまるで星空を見上げるように眺める。**

何も無かった。だけど幸せだった。

〝…I really loved you.〟全身の力をふりしぼり、その4単語を伝えた。

だが隣から聞こえてきたのは〝Thank you.〟の2語だけ……。

涙が溢れそうだった。

私は一人〝I love you.〟の重さに打ちひしがれていた。

ズボラな失敗

計画ではメンバーに「寂しいよ……」と言われながら後ろ髪を引かれる思いで日本に帰国する予定だったが、出発前日にパスポートが切れているのが発覚する（馬鹿すぎる）。

即座にフライトをキャンセルし、ネットで「パスポートが切れたら？」と検索。書いてあった手順に従って、サンフランシスコ日本領事館にアポイントメントを取り、ベガスからサンフランシスコ、そしてサンフランシスコから日本への片道チケットを予約した。

メンバー全員に、「あの……明日帰る予定だったんだけど……パスポートが切れてて、あと3日間滞在することに……」と伝えたときは、己のズボラさに笑いが止まらなかったが、皆は「よかった‼」と大喜びだった。

3日後、予定通りサンフランシスコに向かい、領事館に寄った帰りに有名なカニサンドのお店の前を通った。ロードトリップを思い出しながら「こんな機会はもうないかも……」とリッチなサンドイッチを購入し、優雅に一口……。

と思ったが私ほどのペリカンがバサバサと羽を上下に振りながら、バサーッと巨大な羽でサンドイッチを地面に叩き落とした。

「‼‼‼‼」

「グアッ」「グアッ」

周りにいた観光客は、「あらら～」と憐れみの目で見ている。私のカニサンドはもう帰ってこない。脳内では「言～葉に～できない～ラ～ラ～ラ～♫」とオフコースの曲が静かに流れていた。

「人生ってこんなもんだな……」

私は鳥恐怖症になった。

帰国とその2ヶ月後

帰国するタイミングで旅行を計画してくれた両親と、九州で落ち合った。

長旅のせいか、それともサンと離れた喪失感からか、窓から見える景色も、美味しい料理も少し色褪せて見える。

作り笑いも疲れてきた頃、「温泉でも入ろうか」母に誘われ、数年振りに露天風呂に浸かった。


母は土産話を楽しそうに聞いたあと、**「……アメリカに戻りたいんでしょう？」**と尋ねた。

「なんでわかったの!?」ビックリして聞き返すと、「だって顔に書いてあるもの」と笑う。

「大学に行きたい」とためらいながら言う私に母は、「私からも言うけど、ちゃんとお父さんにもお願いしてね」と風呂を出た。

彼氏に会いたいから大学に行く、誰がそんな理由で大学進学を決めるだろうか？

だがこのチャンスを逃したら「もしかしたらあのとき……」と一生後悔するかもしれない……それだけはイヤだった。


翌朝、「またアメリカに戻りたい！」「大学に行かせてください！」と父の説得に入った。

私は父と交渉する（投資してもらう）際、必ず「お得感」を付け加える努力を忘れない。ラスベガスの大学は他の大学よりも比較的授業料が安いこと（高校をベガスで出ているともっと安くなるらしい）、生活費はほとんどかからないこと、そして短大よりも大学を出たほうが選択肢が広がることなど、思い当たるベネフィットは全部伝えた。

そして私は両親の承諾を得て、**史上最も不純な動機で大学に戻る決意をする。**

愛から生まれる活力はすさまじく、沖縄に帰った約1ヶ月以内で必要書類を揃え、九州旅行から丁度2ヶ月後、ラスベガスの空港に舞い戻った。

5 大学生活と恋愛の終焉

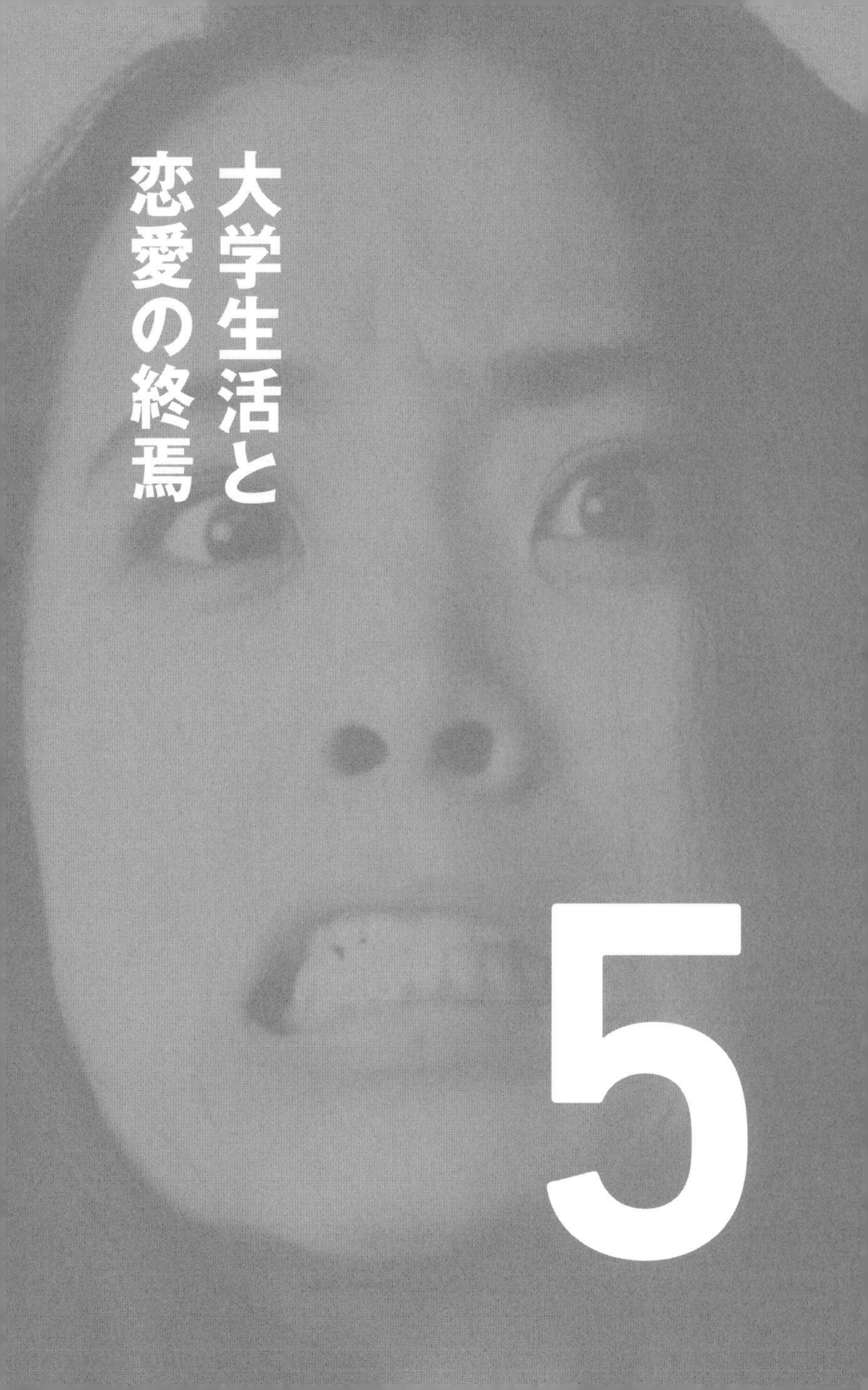

ユニバーシティは格違い？

そして数週間後、ユニバーシティ（大学）の授業が始まった。

周りにはアメリカで学士号を取得した留学生が一人もおらず、「まぁ……コミカレで成績よかったし、なんとかなるだろう」と軽視していたが、その難しさに度肝を抜かれる。

大学の授業で一番苦労したポイントは二つ。

❶クラスに在籍している学生の数が多すぎる。

コミカレは各クラスに多くても30人程度だったが、ユニバーシティは場合によって100人を超える受講者数。そうなるとこれまでの攻略法（教授に会いにいく、前に座ってアピールするなど）だけでは上手くいかない。また一から試行錯誤の日々を送るはめになった。

❷授業のペースが速すぎる。

似たような教科にもかかわらず、ユニバーシティはコミカレよりもペースが異常に速かった。1週間に2~3回の授業（クラスによっては1回）で教科書の数十ページ分をカバーする。単位を満たす目的で夏学期に受講したSupply Chain Managementのクラスでは、Dが落第のところギリギリCを取ってしまった。

傾向と対策で一発逆転？

前期を通して、教授の良し悪しで授業内容が激変する事実と、現地の学生が行っている勉強方法だけでは不十分だという現実をつきつけられた。

そこで二つの対策を取り入れる。

❶レビューを確認する。

クラス選びで自滅しないよう、Rate My Professors（各大学のプロフェッサーがレビューされているサイト）で評価が高い教授の授業を取るよう努める。そのサイトの存在を知ったのは、たまたま隣に座っていた学生が「この教授さぁ……Rate My

Professorsで最低評価だったんだけどこの時間帯しか選べなかったんだよね～」と話しているのを小耳に挟んだのがキッカケだった。素直に「今の時代、教授にもレビューが付くのか……？」と現代社会に失望したが、そのサイトを検索してみて考え方が変わった。感情的でネガティブなコメントも少なくないが、的確な授業内容と教授の特徴を説明したレビューに出会ったことで、後に文明の進歩に感謝することになる。

❷勉強方法とスケジュールの見直し。

勉強量の多い教科は少ない教科と組み合わせ、一定の教科に時間を費やせるようにスケジュールを変更した。それと同時に、やはりリーディング力が他学生と比べ著しく劣る私にとってGoogleは神様のような存在になる。検索エンジンで指定された教科書や本のまとめが載っているサイトを見つけ、それを参考にしながら重要だなと思う部分だけ教科書を読み返す。そのお陰で一気に勉強効率が上がり、少しずつではあるが授業についていけるようになった。

Work Smarter, Not Harder――「ただ一生懸命働くのではなく、賢く働きなさい」

それは前職で最初に学んだ言葉だ。労力を注ぐなら一番成長が見込める場所に充《あ》てる。闇雲に動くのは消耗するだけ。自分の弱み、強みを勘案《かんあん》して戦略を立てる＝効率が上がる。それを再確認させられた後期だった。

広がらない友達関係

コミカレとユニバーシティの違いは授業の速さだけではなく、学生にも感じられた。コミカレでは、下は高校生から上は50代後半まで幅広い年齢層の生徒と共に勉強していたが、ユニバーシティに入って学生の平均年齢が一気に下がった。周りは18歳から20歳のイケイケ大学生、それに比べて私は短大卒業後に就職を選んだ22歳（普通であれば卒業してよい歳）。また、共に生活しているメンバーも20代後半だったので、クラスメイトの若いノリについていけない。

そのため、あえて交友関係を広げようとはせず、学校は勉強しに行くだけの場所となっていた。

私生活はサン中心に回り出す

サンはほぼ毎日、早朝に出て深夜に帰る生活を続けており、二人っきりで過ごせるのは彼が意識的に帰ってくる昼間の2時間だけ。特に私たちの場合、家賃を節約するべく3LDKのコンドミニアムを他従業員とシェアしていたので、そのわずかな時間だけが二人を繋ぐ架け橋となっていた。

この2時間を意地でも守りたい私は、それに被りそうなイベントや授業、そして野外活動は避ける努力をするようになる。

グループで自主活動の時間帯を決める際、「お昼だったら時間が作れるかも……」と意見が出ても、「ごめんなさい‼　私、その時間だけは無理なの‼」とほかの提案が出る前に「だったらこの日は？」「皆、ほかに空いている時間帯はない？」と必死でカウンターオファーを出した。

私と彼の世界、ただそれだけを守りたかった。

経営難と残飯になる料理

ユニバーシティに編入してから1年、大変だったジュニア（大学3年生）をなんとか切り抜け、シニア（大学4年生）になった。授業は全て選択科目になり、クラスメイトの数も激減、授業にもそして自分にも余裕が生まれた……そんな頃。

サンとマイケル（同じ事務所をシェアしていたもう一人のマネージャー）との間にできた亀裂が深刻化していた。サンはかなり早い段階から「マイケルの経営スタイルが好きではない」と話していたが、案の定、方針の違いで関係性が悪くなり、まるで離婚寸前の夫婦さながらの二人に、オフィス全体の空気が濁る。

その影響は私にも及んだ。

サンの口数はさらに減っていき、二人の会話は続かなくなった。「今日はどうだった？」「何か新しいことはあった？」と話を盛り上げようとしても「普通」とそっけないフレーズで拒絶される毎日。

当初は「疲れているのかも……あまり触れて欲しくないのかな……」とそっとしておいたが、日を追うごとに「私の存在する意味は？」と疑問を抱き始める。

そして最も傷ついたのは、せっかく用意した食事が残飯になることだった。先に帰って昼食の支度をしていると、「今日は帰れないから」突然連絡が入る。「帰れそうにない日は前もってメールして」とお願いしているのに、彼は一向に改善しない。

「必死で時間を作っているのに……」「私は彼のなんなんだろう……」虚しさだけが残り、会社設立当初を思い出しては、

「あの頃は、よかった」「私の存在価値があった」「必要とされたい」「愛されたい」

胸が締めつけられた。

ジェラシーは緑色の目をしたモンスター

不満やイライラは、嫉妬心に変化していく。

私はサン主催の飲み会に毎週参加していたが、彼の態度が冷たくなり始めた辺りから居心地が悪くなった。それまでは、彼の過剰なボディタッチを見ても「大丈夫、サン

は私を一番に考えてくれている」と余裕を持てたはずなのに「浮気してる？」と苦い記憶がフラッシュバックし、懐疑的な見方をするようになる。

気づかない間に彼の住む世界は広がっていた。増える仕事、重なるプレッシャー、そして収拾がつかない人間関係は、彼の中の「私」の優先順位を下げていく。

変化を肌で感じながら「私だけを見てよ」「なんで、あの子に笑いかけるの？」「前のように笑ってよ……」ともがいたが、決して口には出せなかった。

きっと「重い」「面倒臭い」と愛想を尽かされる。

そして私は捨てられるのだ。

消化されない感情が着実に心を侵食し、イライラがコントロールできなくなった。

「疲れているだろう……」「悩んでいるだろう……」もうこんなカードは使えない。

それはまるで私が「私」でなくなっていくようだった。

人生を変える本

そんなやるせない日々を過ごしていたとき、ある本と出会った。

『**The 7 Habits of Highly Effective People（7つの習慣）**』というタイトルで、教授によるとその本を教科書代わりに後半の授業を進めていくらしい。

「あれ、お父さんもこの本薦めていたな……？」と軽い気持ちで手にとったが、作者の画期的な考え方に一瞬にして心を奪われた。

それはタイムマネージメントの方法から、友好関係の築き方まで人生で役立つ知恵が沢山詰まっており、中でも一番感銘を受けたのは、Seek First to Understand, Then to Be Understoodに出てくる、Emotional Bank Account（信頼口座）という箇所だった。

Emotional Bank Accountとは、人間関係を銀行口座に置き換えるという発想で（例えばその口座の残高が高い相手であればコミュニケーションが円滑になり、残高が低い相手ほどギスギスした関係になってしまう）、預金方法は主に相手が喜ぶ愛情表現（例えば、皿を洗ってあげたり、褒め言葉を言ったり、感謝したりするなど）や約束を守ることなどが挙げられ、引き出す方法は、相手を裏切る行為（時間や約束を守らない）や相手をがっかりさせる態度などが含まれていた。

残高を貯めるうえで留意すべきは、人それぞれ感じ方が違うということ。自分は「貯金している」と思っていても、相手には「迷惑」と受け取られるケースもあるらしい。

私はそのチャプターが黄色で埋め尽くされる程のアンダーラインを引き、感動した箇所をノートに写した。それは雷に打たれたような衝撃で、この概念を現状に当てはめてみると自分の立ち位置が客観的に見えてくる。

まず、サンは私のEmotional Bank Account（信頼口座）に貯蓄が少ない点。

常にイライラするのは、サンからの貯蓄が著しく少ないからだ。彼は非常に愛情表現が乏しく、それ以上に「やってもらうのが当たり前」と依頼心が強い。

次に、私の愛情表現は預金されていない可能性がある点。

ご飯を作って待っているのも、昼間に時間を作るのも「彼のため」と思っていたが自己満足ではないのだろうか？

逆に、彼の貯蓄行為を私が認識していない場合もある。昼に帰ってきてくれることは彼なりの愛情表現かもしれない。

きっと考え方が変われば、見る世界も変わる。

自分を見つめ直させてくれる本だった。

人生を変える教授との出会い

同時期に、この本を教材とした教授から人間関係の問題解決方法を学んだ。

授業を進めていく中で、彼はこう切り出した。

「今から僕が、君たちが抱えている99％の問題を解決します」


君の身に起こる事柄を「問題」と認識する前に、この項目を問いかけて欲しい。

その「出来事」は君自身が解決しなければならない課題だろうか？　それとも君以外の誰かの身に起きた「出来事」を、君の「問題」と勘違いしてはいないだろうか？

多くの人は自分以外の人生もまるで己のことのように悩むが、本来、相手には相手の人生があり、その「出来事」に向き合う自由がある。

だから相手の「問題」を解決してあげようと思うこと自体が傲慢《ごうまん》であり、ただのお節介というものだ。

もし君がその「出来事」を「自身の問題」だと認識した場合、考えて欲しい。その「問題」は、なぜ「問題」なのだろう？　もしかしてそれは、君が作った「基準」にそぐわないからそう認識するのではないか？　と。

我々の多くは、「物事はこうあるべきだ」と勝手に自分だけの物差しを作ってしまう。

例えば、綺麗好きな人は、身の回りは常に綺麗でなければならないと考え、時間に厳しい人は、全てをオンタイムではじめたがる。もしそこで、誰かがそれらの「基準」または「物差し」にそぐわない行動をした場合、「どうしてこの人はいつも身の回りが汚いんだろう？」「なんでこの人はいつも遅刻してくるんだろう？」とイライラし、「問題だ」と認識するだろう。

だが朗報だ！　「問題」を一瞬で解決してみせよう！

それは基準を下げること。己の「基準」を下げてしまえば、「問題」と認識していた事が「問題」ではなくなる。

個々が所持している「物差し」はそれぞれのバックグラウンドや経験、体験から形成されるが、それは相手も同じだ。だからこそ、自分の物差しだけを「正義だ」「正しい」と捉えるのは理不尽だと思わないかい？

教授は笑って言った。

私は一語一句も聞き逃さぬようノートを取った。

「もしかしたら彼の言葉が私の人生を変えてくれる」なぜかそう思えてならなかった。

抑えきれない喪失感と不都合な現実

それから数ヶ月。自分なりに交友関係を広げたり、新しい趣味を始めてみたり、「彼」以外の世界を開拓しようと奮闘した。

そして今まで信頼残高として加えていなかった事柄も「彼なりの優しさなんだ」と認識する努力をし、せっかく作った料理を食べてもらえなくても、「1週間以内だったらもつでしょう」と小分けにして冷凍するなど、フレキシブルに対応した。新しい考え方に出会い、新しい自分になりたい……そう願った……。が、それでも割り切れない出来事が次々に私を襲う。

まず、2年経ってもサンは私を家族に紹介してくれなかった。

彼の両親や兄弟、友達が何度かベガスに来ていたが「食事してくるから」とだけ告げ、私は常に置いてけぼり。2年以上も同棲しているのに彼の両親を写真ですら見たことがない（アメリカでは、真剣な交際であればある程、親や家族に恋人を紹介する）。また感謝祭やクリスマスさえも、私を平気で置き去りにし、「行ってくるから、送り迎えお願いね」と笑って言える彼の無神経さが理解できなかった。

次に、**サンが元カノとの写真を大事に保管していたのを発見してしまったこと。**

散乱した彼の書類を定位置に戻そうとしたとき、パスポートと一緒にしまってあるのを見てしまった。以前にララから聞いた話では、サンはその子と職場で出会い付き合い始めたが、彼女が本国に帰る決断をしたので別れたようだ。

写真に映る彼女は、私にないものを全て持っているみたいだった。細い体、高めの身長、小さい顔に太陽みたいな笑顔。写真の二人はイキイキして見えた。

そして**致命的だったのは、サンが私の誕生日を完全に忘れていたことだ。**

誕生日当日、「行く場所があるから」と彼は私を外へ連れ出した。「もしかしたら誕生日祝いかも……」と性懲りもなく淡い期待に胸が躍った。

連れて来られた場所には大量のカップケーキとバルーンが飾られ、社員のほぼ全員が集まっている。

「……これは」

するとサンは、「……すーっ」と大きく息を吸い、「これより、会社設立1周年を記念して!!!」とはち切れんばかりの大きな声で叫んだ。

皆が「かんぱ～い!!!」とグラスを上げ、一気に活気づくと同時に私の目の前が真っ暗になる。

「……そうだ……そうだよなっ」

「私の誕生日会……なわけないじゃん……馬鹿だな……っ」己の愚かさに苦笑い。

平然とした顔を装いながらトイレに向かい、気持ちを立て直そうと肘を太ももの上につき両手で頭を支える。

聞こえる賑やかな声は「お前の居場所はない」と遠回しに言っているようで、よ

り孤独感を倍増させた。

時計が夜中の12時を回った頃、「昨日誕生日だったんだ……」とサンに伝えた。するると彼は「やってしまった」という顔を隠し切れないまま「僕は家族の誕生日でさえ覚えてないいんだよ、特に姉なんて最近覚えたんだ」と言い訳をこねくり回す。

本当は薄々気づいていた。

ただ、「私」の存在が彼の中で小さくなっているのを自覚するのが怖くて、何も言えずにいたのだ。

サンの声は、ザーザーとした雑音に変わっていく。

そして私は自分だけの世界に埋もれていった。

すり減るロウソクと言語の壁

私は彼を弁護する理由を一つ、二つと失い、手元に何も無くなってしまった。

精神的な疲労からか体重は減り、ＳＮＳに上げた写真に「痩せたね」「綺麗になったね」とコメントが付いたが、微塵も嬉しくなかった……容姿と幸福度は比例しないらしい。

サンとの時間は口喧嘩が絶えず、私は伝えたいことが伝わらずもがき、その度に彼は苦虫を嚙み潰したような顔をした。

「通じない……」

「届かない……」

そびえ立つ言語の壁は果てしなく、

「言わなくてもわかってよ！」

「私の気持ちを理解してよ！」

嘆く私に文化の違いも容赦がない。

愛だけでは埋められない深い溝があるのだろうか？　それとも、独りよがりの幻だったのだろうか？

まるで己をすり減らしながら明るさを与えるロウソクのように、どんどん自分が消えていくようだった。

彼との未来が想像できなくなり、「ほかの人と付き合ったら」と自然に妄想し、**「誰かこの空虚感を埋めて」と切実に願うようになっていた。**

Tinderの彼と不真面目で真面目な私……

その頃だっただろうか？

私はTinderというデーティングアプリを初めてダウンロードした。寂しさのせいだったと思う。ただ単に、この世に存在する誰かが、空っぽな心を満たしてくれるのではないかと……。

知らない男性の顔を、まるでオンラインショッピングをするかのように右へ左へとスワイプ。マッチした男性と会話を始めるも罪悪感で何度もアプリを消してはダウンロードを繰り返していた。

私の中の二つの人格が口論する。

一方が「サンを裏切っちゃだめ」と囁き、もう一方が「大丈夫、彼も同類だ」と反論。

結局、何回かやり取りが続いた男性とデートの約束をした。彼が帰ってこない時間帯を見計らい、家を出て指定の場所に向かう……。バクバク波打つ心臓の音が大きすぎてよこしまな計画がバレてしまうのではと心配になった。

デートは……最悪。

相手が悪かったわけではない、ただその人の仕草にサンを思い浮かべてしまう自分と「裏切り」の文字が常によぎり、何も頭に入ってこなかった。

「ごめんなさい、用事があるから帰る」と駆け足で自分の車に戻り「やっぱりこんなことできない……」と真面目すぎる性格を再確認。その場で、アプリを消した。

袋小路に入り込み、どこにも進めず、ただ呆然と立ち尽くす——。

私がホームレスになった日

ベガスに来て2年目、別れは突然やって来た。

夜中に帰宅したサンの物音で起こされた私は「おかえり」と伝えたが、返事はなく「いつも通り……」と再び眠りにつこうとした。

だが様子がおかしい……。普段は「疲れているから」とすぐにベッドに入るが、今日はボーッとその場に立ちすくんだまま動こうとしない。「……どうしたの？」と目を擦《こす》りながら聞く私に、彼は"We need to talk."と切り出した。

いつもより低いトーンと、その微かに震える声でそのフレーズの本意を悟る。その瞬間、鼓動が一気に速度を上げ、震えが止まらない。

「わかった……」と起き上がり、向かいに腰をおろす。ブラインドから漏れる街灯の光で、うっすら浮かび上がったサンの表情は悲壮感に溢れていた。

「……」

永遠かのように感じられる沈黙。

そして、その時間軸に少しずつヒビを入れるように「……君との将来が見えなくなったんだ」とサンは重い口を開いた。

「もしかしたら君と結婚するかもしれないと思ったこともある。だけど最近喧嘩が多くなって……」

まるで遺骨を拾うかのようにゆっくりと丁寧に言葉を選んでいる。

そして彼は、**「僕は君を幸せにはできない」「……別れよう」と告げた。**


「ワカレヨウ……」

「わかれよう……」

「別れよう」

薄らこだまする声。

出し抜けに夜の海に突き落とされたように息苦しく、目を見開いているのに何も見えなかった……。

だがそんなどん底の状態でも、かろうじて存在していたプライドが私の心臓を両手で握り潰し、「……わかった」とだけ絞りだした……。

「……これからは一階のソファーで寝てね。できれば早く住む家を探して欲しい」

そう言い残し、サンは部屋から出て行った。

残された私は、震える足をなんとか理性で奮い立たせ、下へと続く階段を手すりにもたれ掛かりながら一段、一段下りる。まるでもがけばもがくほど沈んでしまう流砂の上を歩いているようだった。

やっとの思いでソファーに辿り着き、重い荷物を乱暴に下ろすようにその身を投げ捨てる。

「もしかしたらこれは悪い夢かもしれない。……目覚めれば何もかもが元通り」

だが目を凝らしても**シミにしか見えない天井**に、現実を無理やり突きつけられた。

お隣さんは救世主？

一睡もできなかった。

翌朝サンとルームメイトが出勤したのを確認し、私物をスーツケースに詰め込んだ。「私がいた」という形跡を消し去りたい一心で部屋の隅々を見回すが、身支度はあっけなく終了。ため息と共に虚しさが残った。

昼の2時を回っていたがお腹は減らず……水すらも喉を通らない。押し込んだ感情が胃や喉を圧迫しているのだろうか？　これ以上何かを入れると、全て吐き出してしまいそうなほど気分が悪かった。

「思い出が多すぎる……」息苦しさで外に出た。照りつける太陽は私の皮膚を焦がし、乾燥した空気は体の水分を枯渇させる。

「……どこに行こう」もう帰る場所がない。

とぼとぼと家の周りを歩いていると、お隣のお婆ちゃん（仮名：ミス・ヘダー）が犬を散歩させているのが見えた。以前からの顔見知りで、目が合えば挨拶や軽い世間話をしたが、確実に「泊めてください!!」と言えるほど親しい仲ではない。

にもかかわらず「……私を助けてくれるのはこの人しかいない！」と瞬時に確信し、気づいたら足が動いていた。

彼女のもとに駆け寄り「こんにちは、今日も暑いですね」といつも通り挨拶をするが、心臓は今にも飛び出してしまいそうだ。「断られたらどうしよう……」言葉が喉に引っかかって出てこない。

私の心境など知らない彼女は、ただ些細なスモールトークを楽しんでいる。

「スーッ」と大きく深呼吸し、息を吐くタイミングで「……あの」とミス・ヘダーに自分が置かれている状況を説明した。彼女は話を最後まで聞き、眉間にシワを寄せながら「うちに来る……？」と一言。

ボロボロな私に光明が差す。「本当にいいんですか⁉　ありがとうございます‼‼　ありがとうございます‼‼」何度も頭を下げ、月々400ドル（日本円で5万円プラス）を支払うことを条件に、その日でお隣への引っ越しが決定した。

ミス・ヘダーの家と母の言葉

ミス・ヘダーの家はよく言えば物置、悪く言えばゴミ屋敷だった。

物が散乱し、足の踏み場がない。彼女の愛犬でさえ、ピョンピョンとウサギのように跳ねながら隙間、隙間を器用に通り抜けている。「スーツケースは奥まで」「……持っていけないな……」と判断し玄関に放置した。

「どこで寝てもらおうかね……」悩む彼女に、「ここで大丈夫です」と唯一スペースがあったソファーの上を寝床にさせてもらい、身の回りを整理したあと、急いで車を遠い場所に移動させた。

夜になっても食欲が湧かなかった。

ミス・ヘダーは「なんでもある物を食べて」と声をかけたが、やはりそんな気にはなれず、今までどんなに辛くても食欲だけはあったのに、初めて何も喉を通らなかった。鼓動はやっと落ち着き、体の震えも止まっている。だが頭の回転が追いつかない。不安に押し潰されそうになり、母に電話をかけた。

眠りについたミス・ヘダーを起こさないようヘッドフォンを着用し、小さな声で「ご飯が食べられない……」と漏らす。

すると母は「人生長いんだから食べられない日だってあるわよ……そんなときは……あぁ、今、私は長～い人生の中で、食べられない日を経験しているんだな～って受け入れる」「大丈夫、自然と体が欲するときが来るわ」と宥《なだ》めるように声をかけた。

そうだ、人生は長いのだ。

ご飯が食べられない日、眠れない日ぐらいあってもおかしくない。今日がたまたまその日だっただけなのだ。

手放しきれない彼と、手放せない私

夜中、いきなり携帯が鳴る。

――――サンからだった。

「今どこにいるの？」「心配なんだよ!!」

一人で焦っていればいい。……しばらくの間、無視していたが電話は一向に鳴り止まない。

「読んだら返信が欲しい」「電話に出てくれ」送られてくるメッセージと着信の数に「本気で心配しているのかも」と思えてきた。

考えてみれば昨日まで同棲していた人が忽然と姿を消したら、誰でも動揺する（かもしれない）。徐々に「ザマァみろ!!!」という気持ちが罪悪感に変わり、「別れたんだから、あなたには関係ないでしょ」と突っぱねる返信をした。

すると「関係あるに決まってる!!!!」「君はどこにいるんだ??」「今すぐ迎えにいく

から、場所を教えてくれ！」電話越しに飛び出してきそうな勢いだ。

「居場所を聞かれても」まさか隣に居候しているなんて口が裂けても言えない。

即座に「友達のところに泊まっている」と嘘をつき、それ以降は既読スルーをつらぬいた。


別れを告げられた日からまる1週間、勉強に身が入らず、ろくに食べられず、眠られずの日々を過ごしたが、2週間も過ぎると少しずつ体が食べ物を欲し、眠気を感じられるようになっていた。

体は前に進もうとしている……が心だけが置き去りにされていた。

醜い愛の物語（起）

私が忽然と姿を消した日から、サンは絶え間なく連絡してきた。

途切れ途切れだったやりとりは日が経つに連れて長く続くようになり、ときには「おはよう」で始まり「おやすみ」で終わる日もあった。それはまるで出会った頃に戻ったようで「まだ未練があるのかも」と錯覚してしまうほどだ。些細な一言でさえも、都合のよい解釈をし始めていた。

そんな矢先、彼からメッセージが入る。

「明日の夜空いてるかな？」「ニックの誕生日なんだ」「君が来てくれたら彼も喜ぶよ」（ニックとはワシントン州で働いていた頃からの付き合いで、唯一心を許せる友達だった）

ひと呼吸してから「考えておく」と返す。

見えすいた口実、それにまんまと乗せられる私。

そしてまたスゴロクの１マス目に戻ってしまった。

醜い愛の物語（承）

　サンと会う日はいつも彼のメッセージがきっかけだった。会ってしまえば彼は私を帰したがらなかったし、「もう少しいてよ」と囁く声は猫が喉を鳴らして甘えるようだった。そんな態度に「もしかしたら」と淡い期待を抱く私を尻目に、彼が自ら二人の関係について触れることはない。私の弱さを利用して、縛られない『今』に居心地のよさを感じていたのだろう。

　私はこの現状を、まるで小さな子が浜辺で作った砂のお城を守るように抱きかかえていた。踏みにじられる気持ちを無視して、「側にいられるだけで」と彼の望むままに体を委ね、欲望を満たす。

「幸せだ、十分だ」と繰り返し心に刻めば、本心をカモフラージュできると思いたかった。

　1ヶ月、2ヶ月。状況に変化はなく、ルームメイトにさえ秘密は守り抜かれた。

「利用されているだけだよ」と理性が言い――『そんなのわかっている』と感情が返す。

「別れなよ」――『簡単に言うなよ』

「最低な男だね」――『いいところもあるんだよ』

眠りについた彼の隣で何度も声を殺して泣いた。

醜い愛の物語（転）

そんな生活が続き、時すでに2016年8月。

サンから「9月1日にニュージャージー州に転勤が決まった」と告げられた。業績が鳴かず飛ばずなのは知っていたが、遂に9月1日をもって彼のマネージャー人生に幕が下りるらしい。今後は上手く稼働しているオフィスのアシスタントマネージャーとして、一からチームを立て直すようだ。

私自身、身の振り方を考える時期が来ていたが、期待していなかったと言えば嘘になる。

「一緒に来てくれないか」と馬鹿なことを想像もしたが、彼は今まで通りの態度を崩さなかった。

サンがたつ1週間前に学生寮に引っ越す旨をミス・ヘダーに伝えた。彼女との生活は住み込みの家政婦のように、話を聞いてあげたり、部屋の片付けやリノベーションを手伝ったり、ミス・ヘダーの重荷にならないよう努めた。彼女はそれなりに私との生活を楽しんでくれていたようで、家を出る最後の最後まで優しくしてくれた（本当に彼女には感謝しかない）。

そしてサンの出発の日。

この関係にやっと幕が降りるかと思うと、胸が締め付けられると共に安堵《あんど》の息が漏れる。

サンは雨上がりの青空のようにあっさり、「じゃあ！」とだけ言い、希望に満ちた顔で旅立って行った。

「……」最後の最後までしょうもない男だった。

醜い愛の物語（結）

サンの車が見えなくなった瞬間、本当の終わりを自覚した。初めて愛した人はもういない……そう思うと無性に虚しく、学校に行くのも億劫なほど心身共に疲れていた。「沖縄に帰ろうかな」と頭をよぎるが、卒業まで残り４ヶ月……ここで逃げ出すわけにはいかない。

「お願いだから、誰か終わらせてくれ」と泣いた日々も、終幕を迎えれば未練だけが残る。

ため息ばかりつく私に母は「あなたにぴったりの言葉があるわ」と映画『阪急電車』のセリフを教えてくれた。

『泣くのはいい。でも自分の意志で涙を止められる女になりなさい』

そして母は、「あなたもいつか自分の意志で涙を止めてね」と添えた。

人は自分の意思とは関係なく恋に落ちる。**だが両思いではない恋愛は、最後は振っても振られても自分の意志で終わらせなければならない。**言い換えれば選択権は常に自分自身にあり、しがみつけば一生終わらないのだ。

自由かつ残酷な話。そして私の物語も同じく学生の頃に読んだ恋愛漫画とは似ても似つかない醜さだった。

私はまた心の底から人を愛することができるだろうか？

6
就活一人氷河期

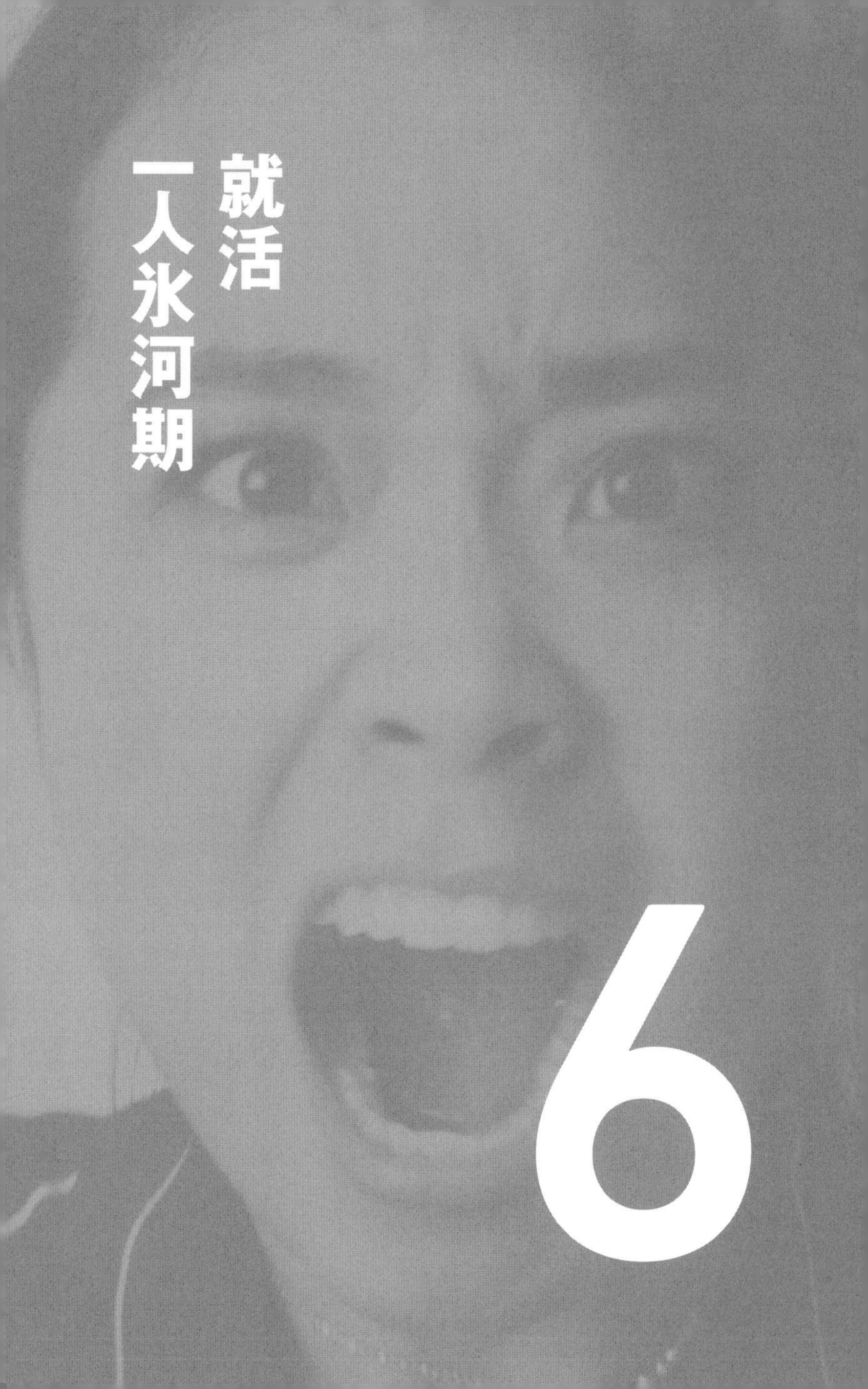

一人就職氷河期に突入

サンがニュージャージー州に引っ越してからすぐ、最後のセメスターが始まった。授業は全て専攻科目で固めており、割と楽しく勉強に励んでいたが、喪失感だけが尾を引く。しかしそれだけにうつつを抜かす余裕もなく。気づけば卒業まで残り3ヶ月、就職先さえ決まっていなかった。

「アメリカの企業にでも就職するかな」と軽く数十社に履歴書を送ってみたが、英語がネイティブではない上に期限付きの学生を雇う企業はなかなか見つからなかった。

そんな矢先、招待された友達の結婚式に参列していた男友達に「ボスキャリ行くの？」と聞かれ「ボスキャリ……何それ？」と返すと「ボストンキャリアフォーラムだよ。年に1回開催される、日本人留学生が就職先を探すためのイベント」と説明されたが、彼は無知な私に呆れているようだった。

調べてみると〝ボストンキャリアフォーラムとは、海外の大学、大学院で学ぶ日本人学生のための就活イベントで、アメリカのみならず日本から100社以上の企業が参加し人材を探す場〟という事が判明。

「こんな場所があるのか！」と意気軒昂《いきけんこう》たる気分になったが、すでに9月。11月半ばのボスキャリ開催まで1ヶ月半を切っているため、ボストンまでのフライトは高騰……そのうえホテル代となると10万円は超える大出費。行きたいのは山々だったが、これ以上の負担を両親にかけたくない。

ダメ元でボストンに住んでいる友達がいないか当たってみると、偶然にもミシガン時代の恩人・シドニーの従姉妹（仮名：ミシェル）がボストンユニバーシティに通っており、彼女の寮がボスキャリの会場から徒歩圏内だと知った。

勇気を振り絞り、「大変申し訳ないんだけど、ミシェルに2日間だけ泊めて欲しいってお願いできない？　昼間はいないし、絶対迷惑かけないから！」とシドニーに相談すると、案外あっさりと許可をもらえた。

あまりの図々しさに自分でもビックリしたが（高校留学時代からは想像もつかない）、ホームレスの経験からゴキブリのような精神力が身につき始めたのかもしれない。

ゴキブリに精神力があるかは定かではないが……。

数打ちゃ当たる

「一応、滞在先は確保できた……」と安心していられるのも束の間。今度は企業にアプライしなければならなかった。

高3で渡米し初めての就職先がアメリカ企業だった私は、日本企業に対してどのように就職活動を進めていくべきか、何を準備するべきなのかわからない。うっすら記憶に残っていたのはスーツは上下黒が好ましいことぐらいだった。

日本とアメリカの就活には大きな違いがある。

日本は大学3年生の秋から就職活動が始まり、4年生になると就活がメインになるようだが、アメリカは3〜4年生でも、1年生のように授業を取る。ユニバーシティの多くが学位の必要単位が全て取れればそこで卒業だ。

早く卒業したければ各学期に取る単位を増やせばいいし、卒業したくなければ最低限の単位で長く学校生活を続けることも許される。知り合いには通常4年かけて卒業するのを2年半で卒業した人や、8年経っても未だ卒業できない人すらいた（専攻を何度か変更したため）。

全てが自己責任。意識の高い学生は早めに行動し、インターンなどを1年生の時点で探し始めるようだが、そうじゃない学生は卒業間近になって大手就活サイト『Indeed』や『Monster』で専攻に合った企業とJob Title（役職）を検索する。

断然後者の私は時間をかけて就職先を選んでいる余裕もなく、ボスキャリに参加する企業ほぼ全部に履歴書を送った。

流れ作業みたいだな……とも思ったが、数打てばどこかしらに当たるだろうとひたすら送り続ける。

父は**「働かせてもらえる、必要としてもらえる場所が都」**とよく言い、人は社会を通して色々な価値観の人に出会い、その大きな渦に揉まれることが最も重要であり、所属する会社は大きいも小さいもない、という持論をもっていた。

そして、私もそう信じてやまなかった。

「日本人としてのクオリティーが足りません」

数社から書類選考に通ったとEmailが入った。「数打ちゃ当たるじゃん」とガッツポーズを決めたが、大変だったのはそこからだ。

面接はボストンで行われると思っていたが、一次や二次審査はオンライン、それを突破した有望株だけがボストンへの切符を獲得する。

舞台のオーディション、奨学金を受ける際の面接、多くの場数を踏んできた私にとって『面接』は十八番《おはこ》、直接会ってしまえば上手く自己アピールできる自信があった。

しかし結果は、面白いぐらいに惨敗。まるで昔流行った「フルーツニンジャ」みたいに滅多切りにされた。

ある大手不動産会社のオンライン面接を受けたときの話だ。

ちゃんと髪をまとめペンギンスーツ（私の中での）を身にまとい、Ｗｅｂカメラの位置も綺麗に写る角度にセットして面接に臨む。

面接官は50代前半の女性。喋り方にも、そしてメイクにも私には出せない品があった（ＴＨＥ 社会人）。

「たぶん落ちるな……」開始10分で悟る。

彼女のボディーランゲージや声のトーン、そして顔の表情から「不合格」の文字が読み取れたが途中で面接を投げ出せるわけもなく、笑顔をキープした。

面接時間も終盤、彼女は想像を絶するような言葉を口にする。

「面接していて感じたのですが……あなたには日本人としてのクオリティーが欠けてます」

一瞬、「はぁ⤵」と間の抜けた声が出てしまった。「日本人なんだから、クオリティーもクソもないだろ⁉」怒りが湧き上がったが、それを堪えて、「すみません……どういう意味でしょうか？」と聞き返した。

すると彼女は、「日本人は手を動かしては話しません……それに声の大きさも調整しなければならない……話し方がアメリカナイズされすぎています」と続けるも、後半は頭に血がのぼりほとんど耳に入らなかった。

「アメリカの大学を卒業すれば企業に必要とされる人材になる」と勝手に思い込んでいたが、それは大きな勘違い――。いくら『グローバル化』と謳《うた》われていても、私みたいにアメリカ人にも、日本人にもなれない人間は犬も食わないのだろうか？　平手打ちされた気分だった。

Identity Crisis

その面接から数週間、Identity Crisis（人、企業などが自分の存在意義や自己の役割、目標などを見出せずにいる状態）に陥った。

日本人として生まれ、日本人として育ち、渡米。色々苦労を重ねた結果、やっと自分にも英語力にも自信がついてきた。だがそんなタイミングで**「あなたには日本人としてのクオリティーが欠けています」と言われてしまったのだ。**彼女の発言は、喉に骨が引っかかったような痛みを残した。

「私は一体ナニモノなのだろう？　今まで積み上げてきた努力はなんだったんだろう？」

なかなか抜けられない負のスパイラル。ほかの企業で内定が決まっていれば「彼女の個人的な意見だ」と割り切れただろうが、書類審査でも面接でも数十社に落とされていた私は、どんどん自信を喪失していった。

捨てる面接官あれば拾う面接官あり

意気消沈しながらも授業と就活を平行して進めていたある日、1つの会社から「一次面接のスケジュールを組みたい」と連絡が入った。

ちゃんとカレンダーに記録したつもりだったが時差の計算ミスで、面接をすっぽかすという馬鹿げた失敗を犯してしまう。「これは落ちたな」と思ったが、担当者は「よくあるので～大丈夫ですよ！」と快くスケジュールを組み直してくれた。

スカイプ面接当日。

面接官の女性はあの〝日本人のクオリティー決めつけ隊〟とは違い、身振り手振りや喋り方ではなく「私とはどういう人間なのか？」を重点に置いた質問をした。また面接官と価値観や性格が合ったのか、とても笑いのたえない30分間となった。

数日後、その会社から二次面接の通知が届き「ふぅ……」と肩の荷が下りる。

「捨てる神あれば拾う神ありだな」

それがたとえ1社でも、「私」を認めてくれる人がいたことが素直に嬉しかった。

そして私は一つの可能性を頼りにボストンへと旅立った。

凍るような隙間風と機能しないエアマットレス

空港を出た瞬間、まつ毛も凍ってしまいそうな冷たい空気に「ボストンに来たんだな……」と実感した。

ウーバーに乗りながら眺めた街並みは今までに見た中でも一、二を争うほど美しく、まるでヨーロッパに（行ったことはないが）迷い込んだようだった。そんな風景に心躍らせながら、30分かけて指定された住所に着いた。

シドニーの従姉妹のミシェルが生活している寮は、住宅街にある古めのビルを改造したような造りになっており、外観は伝統的な趣《おもむき》がある……が中はオンボロで、彼女の部屋へ行くための階段は、足を置くたびにギシギシと鳴り「これは、震度1で崩れるな……」と違った意味で背筋が凍った。

ドアがいくつも並ぶ細い廊下を抜けた先に彼女の〝住まい〟はあった。部屋自体は20畳程度で、ドアから入って左側がルームメイトのエリア（ベッドのみ）、そして右側がミシェルのエリア（ベッドのみ）になっていた。彼女は自慢げに「あなたのためにエアマットレスを用意したのよ!!!」と指をさし、その先に目を向けると空気が入っていない状態の**エアマットレスらしき物**が窓の真横に敷かれていた。彼女は「ボストンの冬は寒いから電気毛布も用意したの!!」と横幅30センチ、縦20センチ程度の**電気毛布と呼ぶには小さすぎる布切れ**を渡してくれた。

お礼にとベガスから持って来ていた手土産を渡し、短めのスモールトークをしたのち、ミシェルは早々に「友達と予定があるから！　勝手に出たり入ったりしてね～」とボストンの街に消えて行った。私は「楽しんで～」と彼女を送り出し、荷物を整理して明日に備える。

夜10時を回ったので「寝る準備をしようかな……」とエアマットレスらしき物に空

気を入れようとしたとき、専用の道具が必要だと知った。

「……あれ、おかしいな」と探し回ったが、それらしいものは見つからない。

途方に暮れ「しょうがない……、口で空気を入れるか……」とシングルサイズの巨大なビニールシートを膨らまそうと意地になったが、プスーとどこかから聞こえる音に「無駄なあがきだったかっ」と中断。

一人、エアマットレスとお見合いでもするかのように向き合い、数分間自分の置かれている状況を整理しようと励んだが、やはり何も改善策が浮かばなかった。

「……仕方ない、マットレスは諦めよう。電気毛布があれば寒さはしのげるよな」

気を取り直して、毛布のプラグを差し込むコンセントを探した……のだが周りにそれらしき物は一切見当たらなかった。

「いや……いや、いや、いや（笑）」焦りが声になって漏れる。

コンセントの有無も確認せずに、電気毛布を渡す人がいる……？

ここに居る!!!!

その夜、私はエアの入っていないエアマットレス（別名：ビニールシート）をフローリングに敷き、電気が流れていない電気毛布（別名：ハンドタオル）を下っ腹に置いて、仕方がないので、唯一持って来た中古のコートを毛布代わりに寝ることにした。

外は氷点下、ボロボロの寮の窓からは隙間風が入る。カタカタと小さく音を立てるガラスが余計に寒さを倍増させた。

「ホームレスのときよりホームレスだな……」

冬眠するリスのように小さくコートに包《くる》まり、その日は眠りについた。

ボストン初日はネオンのバックパック

次の日、会場近くのカフェに入ったのは朝7時頃だった。

最初の面接は8時30分。「これだけ早く着いたんだ、遅れるわけがない……」と呑気にCafe Latteを飲み、頭の中で〝デキる都会の女〟を十二分に堪能してから、会場に向かった。


正面玄関を入ると大勢のリクルートスーツを着た就活生がひしめき合っており、若干方向音痴の私は「あれかな……?」と就活生が列を成す最後尾に並ぶ。

10分、15分と時間は刻々と過ぎていくが、一向に入り口にたどり着かず「あれ？おかしいな……」と焦り始める。面接まであと10分、前に並ぶ学生に「すみません、これって会場に入るための列ですよね？」と確認した。

すると彼は「いや、荷物とコートを預けるための列ですよ」と答え、「会場入り口は、あの向こうに見える……」と詳しく説明してくれようとしたが、即座に「教えてくれてありがとうございましたぁぁぁ!!!」と礼を言い、全力疾走した。

毎年、約一万人以上の就活生が集まるボスキャリ。多くの学生が黒のスーツを身に纏い、ビジネス用の手提げバッグを持って颯爽と歩いている。

だが私は今、真っ黒のロングコートに身を包み、首にはグレーの分厚いマフラーを巻き、背中には蛍光ペンのごとく光るバックパックを担ぎながら『ファインディング・ニモ』のマーリンが海流に飲み込まれるように人間の波に飲まれていた。

必死な思いで辿《たど》り着いた会場入り口で、スタッフの人に「これが会場の地図ですよ」と渡された紙を頼りに会社名を探す。

面接時間まで、あと2分。東京ドームの3分の1ほどの巨大なコンベンションセンターを、競歩のようなスピードで走り抜け、8時31分。私は目的地に到着した。

「すみませんッ、はぁーっ、はぁっ、ゴホンッ……っあの……8時30分から面接なんですけど……」

「大丈夫ですかっ……？」

滲み出る汗を必死で拭い、「遅くなってすみませんッ」と頭を下げた。

会社の人は「そんなに焦らないでいいからねっ」と笑顔で答え、その反応に赤面した。

面接は宇宙旅行？

この会社の面接は私が今まで受けたどの面接よりも興味深かった。

「あなたの長所はなんですか？」や「今までで頑張ったなと思うことを詳しく説明してください」などを期待していたが、面接官と目が合った瞬間「お前はどんな人間なんだ？」と問われた。

「どんな人間……あれ、これ練習した質問になかったな」とりあえず学歴を並べると、「お前は学歴なのか?」と返された。

「あれ……私って学歴なのだろうか?」クエスチョンマークが浮かぶ……。**そこからは宇宙旅行に連れられたかのように、自分の中の無限なる闇と向き合い、なぜか面接が終わる頃には悟りを開いたような爽快感を味わった。**

後々聞いた話だが、彼の面接で涙を流す人も少なくないらしい。それを裏付けるように、私が他の面接で彼のブースの前を通ると就活生の女の子がハンカチで涙を拭いながら出てきていた。

「宇宙に旅立ったんだな……」

面接官はロボット?

「せっかく来たのだから」とWalk-In(事前予約が必要ない面接)を受け付けている会社に次々と予約を入れ、空き時間は企業説明会に参加したり、ほかの就活生と話したりして過ごしていた。

印象に残った面接は不動産会社で、面接官の女性がまるでアンドロイドのようだった。「なんでこんなに機械的なんだろう」「この人が特別に人見知りなんだろうな……」との考えもよぎったが、見せられたプロモーション動画の社員全員がＡＩ化していた（アンドロイド製造工場）。

最後の「質問はありませんか？」に、「この仕事しててよかったなと思う瞬間はなんですか？」と返すと、「えーっとですね、えっと……あっ、はい……」まるで掃除ロボットが少し登れそうで登れない段差につまずくように、マニュアル外のカウンターアタックに焦っているのが手にとるようにわかる。

結果はもちろん落ちていた。「だろうなっ……」と笑い、“Thank you, next.”と次に進む（不動産会社には縁がないのだろうか……？）。

そんな中、たまたま企業説明会で隣に座った就活生数名と話す機会があった。流れから「どこの大学？」「何社受けたの？」「何社から内定をもらっている？」という話題になり、私は彼らの解答に驚かされる。

話した就活生のほとんどは「私は３社から」「５社から」と考えられない数の内定を

もらっており、その中には〝早稲田〟〝慶応〟などテレビでしか聞かないハイスペックな大学生が数多くいた（2016年は、売り手市場）。

「あなたは？」と聞かれる前に話題を変えたことで、「なし」と言わずに済んだが、周りのレベルの高さにただ圧倒されていた。

シノブさんとの出会い

1日目は3社ほど面接を受けたが、ほぼ全滅。

「これからどうしようかな……」とぼーっとしていると、携帯に着信が入った。「ナルミさんの携帯ですか？　○○ですが……」と最初に面接を受けた会社から「もしよかったら、ぜひ食事会に参加して欲しいんですが……」との連絡だった。

「ぜひ！」と返事をし、時間も微妙だったため一度会場を抜け、近くにあったドーナツ屋さんで差し入れを買って彼らのブースに届けた。

「どうせだから、一緒に行かない？」と誘われ、会社のメンバーと歩きながらレストランに向かう。

その道すがら、「ナルミちゃん？」とハキハキした声に堂々とした佇まいの女性が話しかけてきた。

彼女は軽く「シノブと言います。よろしくね、ナルミちゃん！」と自己紹介をし、就職希望や今後について質問した。

「できればアメリカでインターンをしたいと思ってるんです」と正直な気持ちを伝えると話の流れからシノブさんがヒューストンに事務所を構えていることを知る。「もっと詳しく話を聞きたい……」と思ったところでレストランに到着、会話は中断された。

用意されていた個室には長テーブルが置いてあり、就活生と社員が交互に座るよう名前が書いてある。だが私の席はなぜか就活生に囲まれ、少し離れた斜め向かいにシノブさんが座っていた。

「隣に座りたかったな……」内心がっかりしたが、ご馳走になる分際でそんなわがままを言えるわけもなく……食事会が始まった。

「あれ、本当にここで合ってる？」

学生が「あのアトラクションが好きで……」「あぁわかる、めっちゃいいですよね？」とディズニーランドの話題になった辺りから、意識が飛び始めていた。

最後にディズニーランドに行ったのは10歳。その記憶はアメリカの安いトイレットペーパーよりも薄い。表情筋がプルプル震えだした頃、ウェイトレスに「すみません……ワインを一つ」とオーダー。

アメリカに来て極貧生活をしていた私にとってこれはチャンスだとばかりに、メニューで一番高そうなワインを選んでみた（図々しさこの上ない）。1杯2杯と酒が進み、クラクラしてきた頭に、「これはやばいな」とパンを胃に詰め込む。すると気づけば食事会がお開きになっていた（何を話したかは全くもって覚えていない）。

シノブさんが「方向が近いから」と私含めほか就活生3人を送り届ける担当になり、「ナルミちゃんはどこのホテル？」と聞かれ、「ここなんですけど……」と住所を渡した。

一人二人と高級ホテルの前でドロップオフされていく中、私だけどんどん住宅街に入っていくのを少々心配し始めたシノブさんが、「あれ、本当にここで合ってる？」と聞くも、「はい、間違いないですっっ！」と元気よく返す。

「……確認なんだけど、ナルミちゃんはどこにステイしているの？」「えーっと……なんか、友達の従姉妹の寮ですっっ！」酒の入った変なノリで答えた。

無事、寮に降ろしてもらい、「ありがとうございましたっ」とお辞儀をして、千鳥足で部屋に戻りビニールシート（エアマットレス）の上に寝転がる。

「あぁ……次来る機会があったら、絶対に高級ホテルに泊まってやる!!!!」と心に誓い、その日は眠りについた（ちなみに、翌年は会社の費用で高級ホテルに宿泊した）。

ヒューストンでインターンできなければ、内定を断る！

ボスキャリ2日目、時間に余裕を持って会場入りした。

食事会に誘われた会社との最終面接中、「君本当に就職する気ある？」とスーツの下に着ていた花柄のシャツを指摘され「いや、わかんないですっっ‼‼」と答える。そこからは人生相談交じりの『One on One／対話』が始まり、「君が働きたいなら、うちに来たらいいから〜」とかなり軽い感じで内定をもらった。

3日間の格闘の末、私がもらった内定はたった1社……。「選ばなくて済むからよかった〜」と呑気に飛行機に乗り、ベガスへと帰った。

戻ってから24時間以内にお世話になった社員全員にお礼のEmailを送信。シノブさんには「ヒューストンでのインターンをぜひ検討して欲しい」と懇請し、人事には「ヒューストンでインターンが叶わなければ、内定は断らせて頂きたい」と強めの自己主張をした。

「思い切ったな」という自覚はあったが、どこかで「今、日本で就職したらアメリカに戻ってこれないかも」という気がしていた。

会社から「ちょうど12月にラスベガスで行われるイベントで成果を出せたらインターンとして雇うことを考えてもいい」という返答をもらい、そのイベントでここぞとばかりに頑張った結果、晴れてヒューストンで正式にインターンとして雇用されることになった。

出会ったのは実写版、ダビデ像

話は遡《さかのぼ》り就活と同時期、目の前にある膨大な大学の課題の量とは反比例して、心は空っぽだった。夜がくるとサンとの思い出が美化されて頭を駆け巡り、仕方なく酒の力を借りる。「元に戻りたい」わけではないが、この寂寞《せきばく》感がいつまで続くのか見当もつかず今にも孤独に飲み込まれそうだった。

そんな中、マネージメントのクラスで野外活動が行われることになった。割り当てられたグループは私を含めて7人、皆個性が強いメンバーだらけだ。一人は身長が2メートル以上ある現役のフットボーラー、次に子供が二人いるパワフルな40代女性、そしてその中でもひときわ個性を光らせていたのが、トルコからの留学生デニスだった。

デニスはTHEトルコ人といった彫刻のような顔に、身長は190センチ以上、体はダビデ像のごとく鍛え上げられている。そのまま座っていれば「エキゾチックなイケメン」という印象で終わるはずなのに、厄介なのは異常なまでの態度のデカさだった。彼の声は一番前に座っている私が耳を覆いたくなるほどうるさかったし、好んで着ていた脇腹が大胆に開いたタンクトップは学校が禁止しているデザインで、「乳首が見える！」と教授によく注意されていた。

授業の受け方も独特で、高校生が小学1年生の椅子に座るかのように長い手足をもて余しながら、後ろの壁に椅子ごともたれている。

そんな彼をよく思わない学生も多く、もちろん私もその一人だった。「この人とだけは一緒になりませんように」と願いながら始まったグループ決めだったが、**ユニバース（宇宙）は違う未来を想像していたらしい。**

意外な恋の行方

グループワークで会うようになってから、授業前でもあとでも、ましてやジムでもデニスがよく話しかけてくるようになった。「やめてくれ……」と思ったが、彼もメンバーの一人。

根が日本人の私はグループの和を崩さぬよう、笑顔（作り笑い）を心がけていた。

しかしギコチナイ会話が繰り返されるうちに、悪い人ではないかもと感じ始める。小テスト後、「何点だった?」と声をかけられ、「85点」と答えた私が、「あなたは?」と聞き返すと「98点」と平然とした顔で返すデニス。

「まさか?」耳を疑ったが実際に見せてもらったテストにはちゃんと「98」と書かれてあった。その流れで今までの成績を詳しく聞いてみると、ほぼ全ての教科でA(最低でもBプラス)、授業は欠席したことがないらしい。

あからさまにビックリする私に、デニスは"You can't judge a book by its cover."「人は見た目で判断できないもんだよ」と笑った。確かに私は彼の一部分だけを見て、まったく異なる人物像を創造し、恐怖心を抱いていたのかもしれない。

人は見た目だけでは判断できないのだ。

11月後半。

授業後、荷物をまとめている私にデニスが話しかけてきた。

"Hey, what's up?" いつも通りの挨拶に、"Not much, what about you?" いつも通り返した。

するとデニスは突然、「彼氏とはどうなった?」とイレギュラーな質問をした。

「あれ……なんで知ってるの？」頭を捻《ひね》る。

「別れた……」

デニスは、隣りで「……そうか、そうか」と軽快に笑い「じゃあまた」とジムの方向に歩いて行った。


アパートに戻りカバンを片付けていたとき、ふと一連の会話を思い出しながら「まさかな……」小首を傾《かし》げる。

世の女性が思わず振り返るであろうデニスが、私みたいなどこにでもいるちんちくりんに好意を抱くとは地球がひっくり返っても思えない。

「興味本位か」雑念を捨て、課題に取り掛かった。

5日間の恋と自己肯定感

それからデニスのアピールは如実に現われ、隙あらば話しかけられた。**恋愛に疎い**

私でも「この人私のこと好きだな」と確信するほどで、それは大型犬が飼い主に戯れるみたいに、空っぽだった私の心をゆっくりと暖かな陽だまりで満たしていった。

そして卒業してから数週間後、「ずっと気になっていた」と告白された。

純粋に嬉しかったが、このとき既にヒューストン雇用は確定済み。デニスも少し複雑な事情を抱えており、二人に将来がないのは痛いほど明らかだった。悩んだ末、「5日間だけ……」と私たちはこの関係に意味を持たせた。

初めて〝愛される〟幸福感を味わった。貧乏ながらデートに出かけたり、ハイキングをしたり、新年のカウントダウンにメイン通りに出向いたり。

デニスの真っすぐな愛情表現は、私に背伸びしなくていい、そのままでいいんだと勇気を与え、今までのガムが靴にしがみ付くような恋愛は、〝共依存〟に過ぎなかったと痛感させてくれた。

私の幸せは私が選ぶ。

3年間の苦しかった恋愛も、**私が「留まる」と決めた結果であり、選択権は常に私にあったのだ。**

「さよなら」はドリップコーヒーのように

ベガスを去る日、「寂しくなるから」とデニスの要望で空港ではなく彼の家でお別れをすることにした。

「会いに行くね」と空約束を交わし、ドリップコーヒーがポトポト落ちるのを眺めるように出発前の数時間を過ごす。

私からの最後の言葉は

“Thank you so much for everything.”

想いをその一文に込めて伝え、デニスは寂しそうに、「……また会おう」と微笑む。

私はきっと忘れないだろう……そして彼もそうであって欲しい、と切に願った。

そして私は、ラスベガスのMcCarran International Airportを飛び立った。

7

ヒューストンと
それから

シノブさんファミリーとの出会い

ヒューストンの空港はベガスに比べるとかなり大きいが、殺風景でデトロイトを想起させた。

外に出てシノブさんの迎えを待っていると、新天地の湿度の高さに驚く。カラカラに乾き切ったベガスとは違い、ヒューストンは息をしているだけで水分補給できそうなほどだ。「あれっ？　テキサスって砂漠じゃなかったっけ？」と父がよく見ていた西部劇（カウボーイ）を思い出し、違う雰囲気に戸惑っていた。

「着込みすぎたな……」外は24度で湿度は70％以上。見渡すとTシャツとショートパンツで歩くサンタクロース（ふくよかな人）で溢れかえっている。上着を脱ぐことも考えたが、これ以上荷物を増やしたくないのでそのままシノブさんを待つことにした。

数分後、シノブさんの「ナルミちゃ～ん！」という明るい声に「ほっ」と一息つき、1時間半かけて彼女の家に向かった。車から見えるヒューストンの景色は想像よりも都会的で、「テキサス＝カウボーイ」というイメージはどこにも見つからない。

「ここが我が家でオフィス～」と到着した場所は、2階建ての一軒家。車から降り荷物運びを手伝ってもらいながら「いらっしゃ〜い」と部屋に通されると、敵だと判断し吠え狂う小太りミニチュアピンシャーと、子供が二人「こいつは誰だ⁉」と興味深げに私を出迎えてくれた（ちなみに、次女のアシュリーはこのとき私をシノブさんが拾ってきたホームレスだと思ったらしい）。

シノブさんに「これから1年間ここで働くナルミだよ〜」と紹介され、"Hello!"と意識して明るく挨拶すると、彼らは人見知りをせずに元気よく応えてくれた。

女の子はアシュリー、男の子はショーン、そしてその場に居合わせなかったが、長女はエリカというらしい。

「久しぶりにホームステイした気分だな」ミシガンの苦い思い出が頭をよぎり、「馴染めるかな……」と不安になる。

「ナルミちゃんの部屋を案内するわね」と2階に上がると、鮮やかな青色が眩《まぶ》しい6畳ほどの部屋に通された。シノブさんによると、私の前に義理の娘（オリビア16歳）がこの部屋に住んでおり、彼女の趣味で壁を空色に塗ったらしい。ほかの部屋は子供たちに案内してもらったが、アシュリーとショーンの部屋はレモン色、エリカの部屋は綺麗な瑠璃《るり》色に塗られていた。

「仕事が始まれば、アパートを借りるからな」とほぼ何も片付けないままスーツケースを放置し、シノブさん家族がいる1階に下りる。
そしてヒューストンでの暮らしが幕を開けた。

なかなかアパートが見つからない……

ヒューストン入りしてから2日後の1月9日、仕事がスタートした。ヒューストンオフィスには従業員がシノブさん一人。家の一角をオフィスにしていたので、通勤時間は約10秒だ(ダッシュで5秒)。

早速オフィスから10キロ圏内でアパートを探してみたが、相場は900ドルから1000ドル(10〜11万円以上)。周りから「テキサスは家賃が安い」と聞いていたが、案外そうでもないらしい。「もし家賃が11万だったとして、光熱費、水道代、インターネット、食費などを含めると少なくとも16万は超えるな……」安いエリア(6〜7万円)も探してみたが、数ブロックしか離れていないのに家々が掘っ建て小屋に変わり、治安が急激に悪くなる。

ルームメイトを探すことも考えたが、その人と100％気が合うとは限らない……。また追い出される可能性だってあるのだ。

今まで何も考えずに行動してきたが、経験を積む度にますます慎重になっていた。決断を渋っていると、シノブさんは「そんなに高いんだ!! 私が引っ越してきた頃は、500ドル払えば結構いいエリアに住めたけど……」とチャイナタウンのボロアパートに住んでいた時代の話（電子レンジを使う度にゴキブリが出てきた）をしながら、「だったらもう……このままうちに住む？」と提案してくれた。

「いいんですか⁉ すごく助かります‼‼」と0・1秒で答え、頭を下げる。

そして月々500ドル（約6万）で部屋をレンタルすることが決まった。

やっと安心して暮らせる環境……これまでの余分な力がぬけた。

卒業は、高いウィスキーで

ヒューストンで働き始めて数ヶ月、たまたま仕事の関係でNYに行くことになった。
デニスに「君はきっと元彼に会いに行く」と別れ際に言われたが、本当にその機会がやってきた。「今度、仕事でNYに行くの」と私からサンに連絡を入れ、「ぜひ会おう！」と意気込む彼とバーで会う約束をした。

寂しかった……のかもしれないし、彼が今、どういう生活をしているのか確かめたかっただけなのかもしれない。**諦めの悪い性分だ。**

待ち合わせの時間よりも早く着き、カウンター席に腰掛ける。選んだのはWhiskey on the Rocksだった。

そして数分後、彼がやってきた。見覚えのある古びたコートを身に纏《まと》い、なぜか今にも夜に消え入りそうな雰囲気だ。
「久しぶり！」と彼は言い、「久しぶり」と私も答えた。ぽちゃっとした体に吸収されるようにハグをした瞬間、懐かしい匂いがからだ全体を包む。
「なんか違うな」と締まりのない体にデニスの面影を重ねた。

サンはそこで一番安いビールを頼み、私はそれを横目にロックグラスを回す。店内はゆったりとしたジャズが流れ、驚くほど静かだった。

「最近どう?」と切り出すと、彼は一拍置いてから近況を話し始めた。

その姿は、惨《みじ》めで痛ましく、今までの自信に満ち溢《あふ》れたサンとは大違いだった。

「わからないんだ……」悲観的な言葉が溢れるたび、彼が小さく見え、……**初めて「可哀想」と思った。**

その感情は愛憐《あいれん》ではなく、哀憐《あいれん》。

私が好きだったのは彼の自負心とカリスマ性だったのだと痛切に感じた。

その瞬間、魔法が解ける。

私は丸氷が溶け切る前に、その場をあとにした。

恋愛再始動は夏休みあけ

仕事に慣れ始めた5月。

ヒューストンでの生活が安定し、元々内向的な性格の私は、(よい住環境も重なり)極度の引きこもり生活に浸っていた。

本社（東京）に新人研修で駆り出されたときは、同僚との世間話やランチ、飲み会など、多くの交流があったが、今はシノブさんと私だけ。

初めは満足していたが、あまりにも予定がなさすぎる私にシノブさんが心配し、自分自身も「このままでいいのかな……？」と焦り始めていた。シノブさんには「幸せなので～」と答えていたが、同棲期間が長かった私にとって、隣で「おはよう」と「おやすみ」が言い合えるパートナーがいないのはやはり寂しく、その感覚を忘れようにもなかなか時間がかかった。失恋は相手への思いが消えれば乗り越えられると信じていたが、意外にそうでもない。前に進む意志は芽生えても〝誰かが側にいた温もり〟は残り、その感覚は夏休みの楽しい余韻を新学期に引きずるのと少し似ている。別に誰と過ごしたか、何をしたかは重要ではなく、単に「楽しかった」記憶だけがあとを引くのだ。

別に〝愛に溺れたい〟というわけではない……。ただこの状況を続けていると時間が徒《いたず》らに過ぎ、自分だけが取り残されていくようで怖かった。

「動いてみようかな」と思い始めた頃、Tinderを含め、Bumble, Hinge, Matchといった〝王道〟のデーティングアプリをダウンロードすることにした（数打てば当たる精神は健在）。

この産業は人気があるのだろうか？　気づかないうちにアプリも種類が増えており、中にはアジア人専用や、クリスチャン専用など価値観が合う者同士が出会える工夫がされているようだ。

そんな話をしていたら、シノブさんが「今の旦那とはMatchで出会ったんだよ～」と二人の馴れ初めを詳しく教えてくれた。

身近な人のアプリ婚……。

「今回はちゃんと真面目に向き合ってみようかな」

デーティングアプリにも色々？

数週間、様々なアプリを使用して各々の特徴を理解する。Tinderはマッチングすれば男性からも女性からもメッセージが送れるようになっていたが、Bumbleはマッチングすると一定期間内に女性からメッセージを送らなければならなかった。オンラインデーティングは流れ作業（経験上）、何度も同じようなメッセージを送っているうちにどんどん意気消沈し、自分からアクションを起こさないといけないBumbleは「私には無理……」と断念した。

ちなみにシノブさんは人見知りの私を思って一緒に「街コン」＝シングルが揃う大型のイベントに参加しようと試みたが、年齢制限（40代以上NG）で入場さえさせてくれなかったらしい……。そこで「代わりに!!」と紹介されたMatchは、マッチしなくてもメッセージが送れてしまうため、体だけを求めてくる中年男性の〝Hey, cutie.〟〝Hey, sweetie.〟というコメントに気が滅入り、ダウンロード早々消してしまった。

結果、私に残されたのはTinderのみ。

「仕方ないか……」

Tinder一本に絞ることを決意し、作業に取り掛かった（作業に取り掛かるという表現もどうかと思うが）。

ここからは、アプリで出会った印象深い人々を紹介しようと思う（どうか軽く受け流して欲しい）。

余白が多い、のりしろ君

最初にデートに行ったのは、PhD（博士号）を取得中のインターナショナル生だった。

彼のプロファイルピクチャーは遠目の写真が多く、顔がはっきりとは見えない。近くの写真があったとしても、左か右を向いており、正面の写真がなく、「まぁ……」軽い気持ちで右にスワイプするとマッチしたので、チャットが始まった。よくよく聞いてみると彼はライス大学（2021年：大学ランキング16位、入学希望者のたった9％しか受け入れない超エリート校）で博士号を取得中とのこと。経歴も素晴らしく、「ぜひ会おう」と言われたときは、「将来の玉の輿？」と即OKした（不純な理由で大変申し訳ない）。

デート場所は大学内にあるカフェ。先に到着した私がテラスに腰掛けていると、彼がやってきた。身長は165センチ程で、細身。顔全体の面積が100％だとすると、中央30％に目、鼻、口が集中している（あくまでもオブザベーション）。「……余白が多い人だな」それが第一印象だった。

だが話が面白ければ顔もクソもない。私は訪問販売時代の経験から、人見知りではあるが会話は人並みにできる……（はずだ）。

しかし、彼はフランス、スペイン、イギリスに行った話、奨学金で大学に通っている話、そして自分がどれだけ「選ばれた人間」なのかを恥じらう素振りもなく語ってくる。

「心底どうでもいい」と、彼の眉間のシワを数えながらシノブさんに共有できるネタを探していた。

やっと「そろそろご飯でもどう？」と言われ、「無駄にした時給分は払ってもらおう」と笑顔で“Sure!”と答えると彼に連れられ、駐車場に向かった。

「やっぱりな」

愛車はメルセデスベンツの白いスポーツカー（一千万以上する）。

いくら『博士課程は給料が出る』といっても20万程度、彼の力だけでは手が届くはずもない。それを「これが〝僕の〟車～」と誇らしげにレストランまで走った。

運転時間はたったの5分。**「……ただ自分の車を見せびらかしたいだけか」**頭の中で「チェッ」と舌打ちした。

さっさとご飯を食べ、「予定があるので、ありがとうございました～」と別れ、それから一切連絡をとらなかった。

他人のせいにしたがる、他《た》責《せき》君

次に会ったのは、カリフォルニアから大学院に行くために移住した他責君だった。のりしろ君に会ったのは昼間。なかなか理由をつけて逃げ出すには早すぎる時間帯だったのを反省し、今回は午後6時ぐらいから会うことにした。

(また)先に着いてしまった私は、オーダーを済ませ、他責君を待つ。数分後に到着した彼は写真の印象より小柄だったが、韓国男子っぽいスッキリした顔立ちで『イケメン』の部類に入ったと思う。お互いにどこの出身なのか? なぜヒューストンに引っ越してきたのか? などベーシックな自己紹介を終えると、学校の話になった。

他責君は第一志望だったテキサス州立大学の大学院に落ちてしまったらしい。「難しいんだね」と同情すると、「僕がブラック(アフリカ系アメリカ人)だったら簡単に入れたのに、アジア人だから入れなかったんだ、理不尽だよな……」と面白くなさそうな顔で答えた。

「えっ」耳を疑った。「何を言っているんだこの人は?」すぐに「どういう意味?」と聞き返すと、彼は今までの鬱憤《うっぷん》を晴らすかのように、ダラダラとどうでもいいポリティクス(主義主張)を話し出す。

だんだん頭に血がのぼり、「お前の努力が足りないせいだろう!!!」「人のせいにする前に努力しろ!!!!!」と怒鳴りたくなったが精一杯苦笑いをつらぬいた。

最後の「また会えるよね？」を、「うーん……」と濁し、そそくさと帰った。

ベタベタくっつくベタ男君《お》

「なんて人だったんだ！」とイライラが止まらなかったので、次会う人は社会人にしようと決め、出会ったのがベタ男君だった。

ベタ男君はメッセージを多く交換したい派だったが、それに疲れていた私は2、3回で「ぜひ、会いましょう！」と連絡を入れ、マッチした3日後に会う約束をする。

彼が選んだ場所はダウンタウン。「沢山人がいるし問題ないか」と承諾した。

入り口で待っていると見覚えのある男性が「君がナル♪ミ♪？」と話しかけてきた。予想通りのルックス、だが一つだけ想像と違ったのは彼の馴れ馴れしい態度だった。

彼はいきなり私の手をとり、外にあったテラスに座ろうと言ってきた。瞬時に、「無理かも」とその場から逃げ出そうとしたが、第一印象だけで人は判断できない。「もう少し話してみよう……」と思い直す……。

ベンチに一人分の距離を開けて座ったが、ジリジリと間を詰められ、風も通らないほどの密着状態。露骨に嫌な顔をするも彼には届かなかった。

馴れ馴れしい態度とボディータッチに、今までの誰よりも最速で「あ、ベビーシッターがあるのを思い出した!!!」と、最上級の引き攣《っ》り笑いでその場を光のごとく去った。

マリファナが好きなリファ君

その次にマッチングした男性とはモールで会うことにした。

レストランで会うと嫌でも奢るか？　奢らないか？　の話になって面倒臭いし、必ず何か話題を相手に振らなければならない。モールにしたのは人も多いし、喋らなくても雑音が沈黙を消してくれるだろう……と思ったからだ。

リファ君は、身長が高くスレンダー。顔は〝イケメン〟とまではいかないが私好みの醤油顔だった。

モールを二人で歩き、映画を見て、彼が指定したレストランに行った。可もなく不可もない普通のデート。『多分この人なら』と未来を想像したりもしたが、リファ君は「伝えておいたほうがいいことがあるんだ」と重い口を開いた。

冷静な顔を装い、「……どうしたの?」と恐る恐る聞くと「僕は毎日欠かさずマリファナを吸うんだ」「ほら、なかにはそれをあまり好まない人もいるだろう?」とうしろめたそうに言う。

私はなんと答えていいかわからず「あなたの人生なんだから、あなたがしたいようにすればいい」とだけ伝えた。

でも、私は日本人だ。

マリファナは違法薬物であり、いくら『アメリカでは合法だ』と言われても「はい、そうですか」と容易に受け入れられるものではない。

結局彼とはそれきりとなった。

文化の違い? それとも価値観の違い? 今回ばかりは少し残念に思えた(いい人

だったのにな……）。

ナルシストのナル君

次に出会ったのは、筋トレ好きな正統派イケメンだった。

「まさかこの人とマッチング!?」とはしゃいでシノブさんとエリカに見せるほど今までにないタイプの男性。チャットで会話をしていても女慣れしているのか、丁寧な受け答えに、質問力もあった（職種はセールスらしい）。

だが、一つ気になったのは話し始めた2日目に「きっと僕は君の両親に会うよ」と爆弾発言をしたことだ。

「私の両親？」

「この人大丈夫……？」と疑ったが、『イケメン』というのはすごいもので、そんなレッドフラグも軽く見過ごすことができる。

初デートに彼が指定したのはのりしろ君と行ったレストラン。いつも通り10分前に着いたが、彼は悠々と入口に立っていた。

肉眼で見るナル君は写真で見るより『イケメン』で、着ていたシャツは鍛え上げられた肉体に張り付くようにピンッと伸びている。彼は私を見るなり、「君がナルミだね？」と微笑み、「写真で見るよりも綺麗だ」とあいさつ代わりに褒め言葉を並べた。

ナル君は、手慣れた手つきで椅子を引く。

「お姫様？」と錯覚してしまうぐらいの紳士っぷりに、ドキドキが止まらなかった。

会話力は今まであった人の中で群を抜いて高く、ジョークを入れるタイミング、質問の内容、全て完璧だった。お会計はもちろん、私が「少しお手洗いに行ってくるね」と言った隙に済まされており、「なぜこんな人がシングルなんだ⁉」と理解に苦しむほどだった。

家に帰り、シノブさんに「今日の人、最高でした‼」と一部始終を話し、「初めて2回目のデートにいくかもしれません‼」と鼻息荒く伝えた。

2週間が経過し、ナル君は私を彼の親友の誕生日パーティーに誘った。

「2回目のデートでもう友達に紹介されるのか⁉」

「展開が早くないか?‼」

妄想が妄想を呼び、胸を躍らせながら指定されたアドレスへ向かう……。

到着すると大量の車が並び、爆音がもれる玄関のドアを開けると、クラブのようなLEDの光線が目を刺した。

部屋の中には大量のアルコールが並べられており、「どうしたものか⁉」と途方にくれていると、ナル君が2階から「ナルミ」と呼んだ。

彼は家を軽く案内し、「友達と話してくるね」と人混みに消える。

30分が経過、「どこ行ったんだろう……?」とメッセージを送ったが既読にならず、外の空気を吸おうとバルコニーに出た瞬間、彼が知らない女性とイチャイチャしている姿を目撃した。

「えっ……⁉」となぜか気がつかれないようにそっとドアを閉め、

「私がどうして気を使わなければならないの」とバカらしくなってそのまま帰宅。

数時間後にインスタストーリーを見るとクラブで狂ったように踊っている。

翌朝、「ごめん、家族と会ってたから」と平気で嘘をついたので、番号をブロックし、試合終了。

詰めの甘さは、サンにそっくりだった。

最後はマザコンのマサ君

それでもめげずに数名と会ったが、やはり誰ともうまくいかず……やる気はどんどん失われつつあった。

そんな中、マサ君に出会う。

彼と出会う頃には、メッセージのやり取りはほぼ皆無。

悪い人ではないと返信から判断し、「会いましょう」とマッチしたその週末にミッドタウンで待ち合わせをした。

マサ君はどことなくサンの面影があり、それがネガティブな印象を与えた。

私はサンと最後に会った日以来、彼を思い出させる人に出会うと、吐き気をもよおす特異体質（大変失礼極まりない）になっており、マサ君の手が無意識に私に触れたときは、3秒ほど硬直したほどだ。

これでマサ君が話の面白い人であれば、そのネガティブなイメージを払拭してくれたかもしれない……が、彼はミリタリーについて4割、母親について4割、そして女友達について2割話し、私に一切興味がないのか、何も質問してこなかった。

ちょうど1時間たった頃「予定があるから」と伝え、駐車した場所に向かう（多くの若者は列をなすように車を路上駐車し、私自身もたまたま空いていたスペースに駐めた)。

……車がない。

似たような雰囲気のストリートを、ぐるぐると10分、20分、30分歩いても私の車はどこにもなかった。

「どうしよう、盗まれたかもしれない」

時計は23時を指している。

シノブさんに状況を説明。「もし迎えが必要だったら連絡してね」と言ってくれたがこの時間に彼女を呼ぶのは申し訳ない。

このままでは埒が明かないので、「近くに住んでいる」と言っていたマサ君に電話を入れ、一緒に車を探してもらった。

マサ君と探し始めてから20分、

「付き合わせちゃってごめんなさい」と首が折れるほどの謝罪をし、眠いし、疲れたし、帰りたいしで涙が出てきそうになった……そのとき、あるサインが目に入る。

「このストリートに駐車した車は、レッカー車で運ばれます。Address：○○○」

運転していては絶対に目に入らない小さな看板。

「もしかしたら」とマサ君に「申し訳ないけど、ここまで送ってほしい」とお願いし、その住所に向かうと多くの車難民が小さな窓口に並んでいた。

私の番になり「シェビー・アベオなんですが……」と伝えると、受付の人は無愛想な顔で「あるよ」と答える。

「よかった」と安心したのも束の間、即座に「はい、300ドルお願いします」（4万プラス）とぼやいた。

「……？」

「今なんて？」

「罰金！　300ドルだってば」と彼は乱暴に答え、ショックで放心状態になる私を、

「早くして、待ってる人がいるんだから!!!」と急かした。

怒りでクレジットカードを渡す手が震える。

車のハンドルにもたれかかりながら

「最悪な1日だった」とため息。

もう懲り懲り――。

その夜、携帯にあった全てのデーティングアプリを消去した（またまた性懲りもなく）。

WARNING

8

大学院と遠回り

三角形の法則と母

「昨日さぁ……」と母に細大漏らさず話し、**「もうデーティングアプリやめようと思う」と宣言した。**

母にはよく「付き合わなくてもいいから、色々な人と会いなさい」と言われていたが、やっとここに来てその真意を理解した。

今まで一色だと思っていた世界は想像以上にカラフルで、自分の価値観（物差し）では測れない当たり前がそこにはあった。それらはその人なりの正義であり、私も同じだったのだ。

Tinderの呪縛から抜けた私に母は「三角形の法則」というものを教えてくれた。

三角形の法則とは、自分が三角形の底辺にいると仮定して、各コーナーにAさん、Bさん、Cさんと、これから出会う（であろう）人が存在する。

もし私がAさん、あるいはBさんと仲よくなりたいと選択した場合、

1

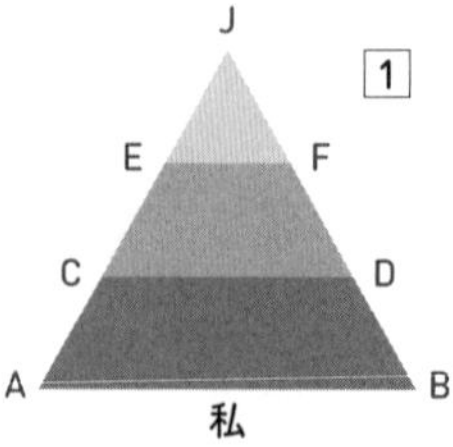

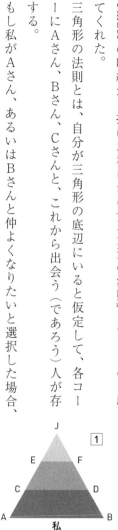

一生懸命Aさんや、Bさんに近づこうと奮闘。例えば、Aさんや、Bさん好みのメイクをしてみたり、髪型に変えたり、ファッションや性格だって変え、自分ではない『誰か』を演じるのだ（まるで私の前の恋愛のように）。

すると徐々に（相手次第で）自分というものを見失っていく。

だが横に進まず、自分自身にフォーカスして前を向いて歩く選択をしたとする（前を向いて歩くということは、教養「学校の勉強だけでなく、本を読む、知識を身につけるなど」、経験、精神の向上、自分らしく生きる、健康的な生活など、誰のためでもない、己の成長を指す）。

すると必死で近づこうと努力しなくても、自然と自分に合った相手が現れるというものだった。

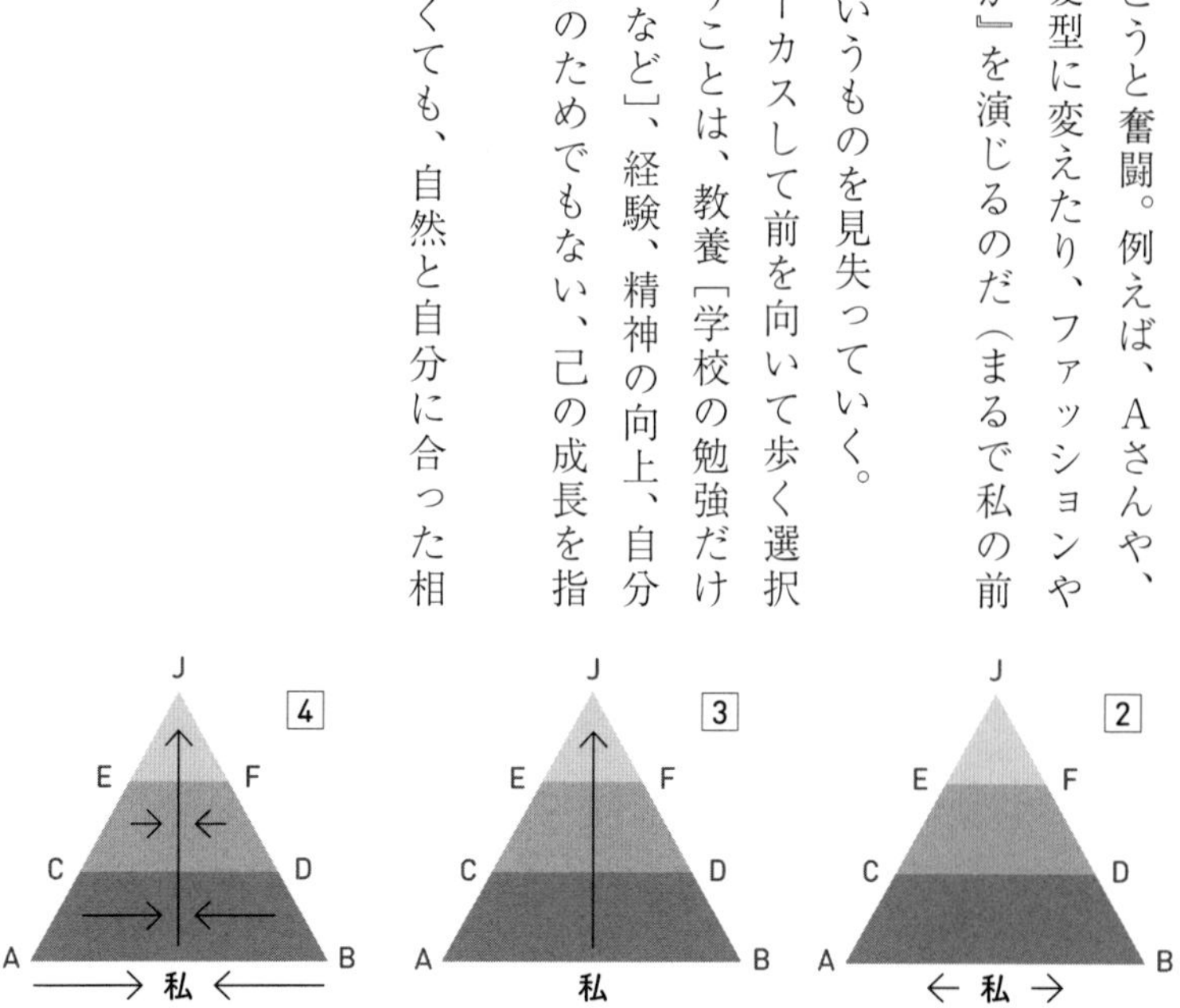

今の私と未来の誰か

今までの恋愛は、

「好きになってもらいたい」

「振り向いてほしい」

「その人に好かれるためならなんでもする」

と自分だけの世界に酔いしれ、相手の人生も自分自身の人生も尊重していなかった。

『愛は盲目』
『ジェラシーは緑の目をしたモンスター』
昔の人はよく言ったものだ
「ちゃんと自分を見つめ直さなきゃ」

自分はどんな人間で、何を大切にしていて、何が許せないのか？

まだわからないことだらけだ。

だがそれらを知るのはこれから出会う誰かのためにも、そして私自身のためにもとても重要だと思う。

ふと、久しぶりに私が『私』に帰ってきたような気がした。

17歳の私と変わらない自分

ヒューストンで働き始めて半年、シノブさんから「私に課せられた任務は、インターンが終わったらナルミちゃんを本社に異動させることなのよね」と言われた。

会社の意図を軽く説明したあと、

「期待しているのよ、ナルミちゃんに〜」と笑顔で付け足す。

「はぁ……」いつも以上に大きなため息をつき、

「もう……次を考えなければならない時期か」と誰にも聞こえない声でぼやく。

決断、去ってまた決断。日本で生活していれば時間をかけて悩めることも海外に住んでいるとそうはいかず、期限付きの自由でもがく私はまた人生の岐路に立たされていた。

それから数週間、次のステップについて真剣に考えた。

私にある選択肢は、正社員勤務か大学院進学の二つ。

30歳までにMBAを取得するという自分の将来像をキャンパスノートに書いたが、まさか現実にそれが選択できる場所まで来るとは想像もしていなかった。

新人研修の際、取締役の方に、

「ナルミは今後何をしていきたいんだ?」と聞かれ、

「いつかはMBAを取って起業したいです」と答えると

「それなら、ここで職務経験を積んでから考えたらどうだ?」

「社会経験も起業するには重要だぞ」とアドバイスをもらった。

正論だと思う。MBAは取得する大学によっても異なるが、少なくとも2年以上の職務経験が必須。彼の言う通り、何年か職務経験を積んでからでも遅くはないのだ。

「仕事をして、金を貯めて」

「でも就職先は東京か」

将来を想像してみた。

「きっとお父さんも、お母さんもそのほうが嬉しいだろうな」

「ずっと迷惑かけているしな」

「もう、24歳なんだし夢を見ずに現実を受け止めなきゃ」

「会社の取締役の方も私に期待してくれていたしな」

〝大人〟として選ぶべき選択肢は明らかだ。

だがまた「何か」が私の中で疼く。

「MBA取得が選択肢にある」

「もし日本で就職したらどうなる？」

「戻れなくなるかもしれない」

「この選択で本当に幸せ？」

何度も自問自答し、言い訳を並べ、本心を隠す。

無限ループの果てに、母の言葉を思い出した。

「自分に素直に生きていれば、大変かもしれないけど不幸じゃない」

人生の岐路に立たされたときは、常にこの言葉を指針に「ワクワクする」ほうを選んできた。

そのお陰で、今までの決断に後悔はない。

だがもし周りに気を使って道を選んでいたらどうだ？

苦しくなって途中で諦めてしまっていたのでは？

今みたいに後悔せず人生を歩いてこれただろうか？

どちらを選んでも、自分の選択で迷惑をかけるのでは？

見栄も、他人の期待も、申し訳なさも……全部振り払って、

「本当は何がしたい？」

「将来の自分はどうなっていたい？」

「どれが一番ワクワクする？」

もう一度問いかけた。

「大学院に行きたい」

「もう少しアメリカで頑張ってみたい」

「自分の可能性を追求したい……」

答えは出ていた。

ただいつも、見えない期待に答えたくなるもう一人の自分がいる。

しかしそれでは後悔する。

それは今まで積み重ねてきた経験が教えてくれている。

そして私は17の頃と一ミリも変わらず、自分の可能性を追求する道を選んだ。

決意発表と辞表

決断後の私はやはり早い。

即、両親に連絡し**「就職した矢先で大変申し訳ないけど、大学院に行かせてくれ」**と頭を下げた。すると二人共々「うん、そう言うだろうなと思った〜」と笑い、「頑張れるところまで頑張りなさい」と背中を押してくれた（本当にいい両親を持ったと思う）。

人生初の辞表。

重役数名から返信メールを受け取ったが、読むのが怖すぎて先にシノブさんに内容を確認してもらい「多分、大丈夫」との反応で、体を仰《の》け反《ぞ》らせたままクリックした。

内容は私の決断を残念がるものが多かったが、仲よくさせて頂いていた方からは「そう目標を立てたんだから、絶対にＭＢＡを取得しなさい！」と叱咤激励《しったげきれい》され、「絶対に成し遂げて見せます！」とまたもや要らぬプレッシャーを自分に与えることとなる（デジャブか？）。

ＭＢＡ取得に必須条件のＧＭＡＴ

色々なシガラミを整理したのち、ＭＢＡ取得に向けてのリサーチを始めた。

まずは大学探し。

レベル、ランキングはどうでもよかった。ただシノブさんの家から通える範囲で、私でも入れるレベルであればめっけもの……サーチエンジンで「Houston MBA」と入力し、一番最初に出てきたのがヒューストン大学だった。

ヒューストン大学はダウンタウンのど真ん中に位置しており、家から車で30分。ほかにもライス大学という選択肢はあったが、学費はヒューストン大学の2倍（レベルはアイビー・リーグに匹敵する）……即座に「雲の上の学校だな」と断念し、「ヒューストン大学しかない」と目標を絞った。

ＭＢＡについて詳しく調べてみると、どのプログラムに入るにもＧＭＡＴ／ＧＲＥというテストを受けなければならないらしい。

さらに検索をかけると、「ＧＭＡＴとはGraduate Management Admission Testの頭文字で、ビジネススクールで学ぶために必要な英語力、数学的思考能力、分析的思考能力を測るテストです」と書かれてあった。

ヒューストン大学ＭＢＡプログラムに入る学生の平均ＧＭＡＴスコアは６１９点。ちなみにＧＭＡＴの最高点数は８００点でハーバードビジネススクールに入学する学生は平均７３０点はとるらしい（近くがハーバードじゃなくてよかった〜）。

不安を抱きながら近所の本屋で分厚い（ＧＭＡＴの）参考書を購入。仕事終わりにページをめくってみると、最初の２ページでギブアップしたくなった。

「こんなの半年でどうやってマスターするんだよ……」

やらなければならない課題の多さにうなだれる。

どうにか私に合った方法はないかなとネットで調べてみると、『GMAT Prep』というオンライン講座を提供している会社が何社か見つかった。

昔から本を読んで勉強するよりも実際に講座を受けたり、動画を見て勉強するほうが身につきやすい私は「これだったらいけるかも」と当時一番レビューのよかったVaritas Prep社の一番安いプランを購入し、取り組んだ。

それから6ヶ月間、朝5時から仕事が始まるまでの3時間と、勤務後の3時間、週末は平日以上に勉強し、学費を稼ぐため生活費は極限まで下げる日々が始まる。

そびえ立つGMATの壁

勉強し始めて3ヶ月、全貌が見えてきた。

GMATはライティング（AWA）、グラフや表を含む読解問題（IR）、数学（Math）、そして文法、短文読解、長文読解（Verbal）で構成されている。それらを一から学び直そうとすると時間がいくらあっても足りないという現実をつきつけられた。始めたのが遅すぎた（毎度のことだが）。

毎日必死に勉強に励んでも一向に進んでいる気がしない。同じ系統の問題でも書き方（表現の仕方）が変われば全く違う問題に見え、手も足も出ない。英語や数学を日本語で学習した私にとって、文章化した数学はもはや違う言語に思えて仕方なかった。

例えば、

How many four-digit positive integers exist that contain the block 25 and are divisible by 75（2250 and 2025 are two such numbers）?

25が含まれ75で割ることができる４桁の正の整数はいくつありますか？（２２５０と２０２５はその整数に含まれますか？）

という問題が出たとする。

まずこの問題を解くためには、英単語Integers＝整数であることを理解し、次に整数自体の意味がわからなければ前に進めない。日本の高校を卒業して10年近く（それも文系）アメリカにどっぷり浸かり、日本語でも滅多に使わない数学用語は一番先に記憶から抹消している。

英語で数学を学んだ人にとっては「どっかで学んだな」とすぐ思い出せても、他言語で数学を学んだ私にとって、まず単語を母語に直し、そこからその単語、文章、問題の意味を理解する作業は予想以上に時間がかかった。

英語ネイティブ：Integers➡数学的意味を調べる／既にわかる➡問題を解く

私：Integers➡英日辞典で調べる➡数学的意味を調べる➡読解に時間がかかる➡問題を解く

「甘くみてたな」と幾度となく挫《くじ》けそうになる。

そびえ立つGMATの壁は、先が見えないほど高い。

人生の踊り場？

インターンも終盤。

GMATの勉強にもう少し時間が必要だと判断した私は、1セメスターだけヒューストン大学が学士生向けに提供している授業を取り直し、大学に残る決意をした（日本で言う浪人する感覚に近い)。

「既に取得した教科を取り直すのか……」

出来の悪い自分が不甲斐なく、そして情けなかった。

母はそんな意気消沈する私を見て、**「今は人生の踊り場に立っていると思いなさい」**と言葉をかけてくれた。

常に登り続けていると疲れてしまう。踊り場に立って、歩みを止めて、しっかり足固めをして、今までを反省する。

前に進めないのは忘れがちな「今ここ」を感じるためらしい。

立ち止まるのはなぜこんなにも苦しいのだろう。

踊り場は運命の出会い？

セメスターが始まった当初は「無駄な時間と学費」と嘆息していたが、受講した授業は思いの外興味深く(専攻のビジネスの授業しか取っていなかったので)、特に現代文学の教授が選ぶ詩や小説は「こんな見方もあるのか～」とマイナスな思考を払拭するほどだった。

私は「この小説のこの部分がとても興味深かった」と毎回授業後、教授と意見を交わし合うようになり、次第に授業内容以外にもパーソナルな内容（出身、大学院進学希望など）まで共有する仲になっていた。

セメスターも中盤にさしかかった頃、たまたま教授が、「そういえば」と教室を出ようとする私を引き止めた。

話を聞いてみると、彼女の授業をとっている学生の一人がUH Japanese Conversationクラブという同好会を運営しており、流れから「私のクラスに日本人がいるわ」という話題が浮上、「ぜひ会ってみたい」とお願いされたらしい。

他州では大学に日本人学生がいることはあまり珍しいことではないが、私が住んでいるのはヒューストン、テキサス。多く（数百人単位）のインターナショナル学生が参加する秋のオリエンテーションでさえ私以外日本人は見かけなかった。

希少性が高い日本語ネイティブは、教授からしても、その学生からしてもレアポケモン並に珍しかったのだろう。

人見知りが激しい私はすこし考えて、

「いいですよ」と答えた。

そして教授を通し、件《くだん》の学生と会う予定を立てた。


待ち合わせの日。

現れたのは身長180センチ近くあるメガネ男子で、「初めまして〜」と流暢な日本語で挨拶してくれた。

互いに授業の合間だったため、軽くスモールトークをしたのち「僕、UH Japanese Conversationクラブを運営しているんですけど、ぜひ今度遊びに来てください」の誘いに、勢いで「うん、わかったッ」と承諾してしまう。

数日後、ひょんなことから参加したクラブでジェイコブ（旦那）に出会うのだが
……。
その話はまた今度にしよう。
ただ一つだけ言えるのは、生きていると、前にも、後ろにも進めない踊り場に出くわす。そんな時期は

「このままでいいのかな？」

「私大丈夫かな？」

「もし前に進めなかったらどうしよう」という焦りで視野を曇らせないで欲しい。

『動けない』のは、
そこで学ぶべき何か？

出会うべき誰か？

そして経験すべき感情があるからかもしれない。

「まだ間に合いますよ」

今後のスケジュールを把握しようと、ＭＢＡプログラム専門のオフィスに行き担当者から詳しい話を聞いた。すると「まだ今年（２０１８年秋）の募集に間に合いますけど、いいんですか来年の春で？」と念を押された。

秋入学の受付は６月まで……。

あと3ヶ月しかない。

「間に合うはずがない」

……だがどこか引っかかる。

「無理だよな」と諦めつつも、チャンスの神様は前髪だけ。

「まぁダメならまた挑戦すればいいか」とGMATを受ける予定を組んだ。


3時間の格闘の末、得たスコアは540点。

平均点を70点も下回っており「絶望的だな」と諦めかけたが、『600点以下でハーバード入学』という事例を聞いたことがある。そしてMBAは、スコアだけでなく受講生の実務経験や性格も考慮されるため、希望がゼロではないらしい。

「はぁ……」とスコア表を見てため息を漏らしながらも、

「推薦状も2枚書いてもらっているし」

「必要書類も全部準備し終えた」

「ダメもとで出してみるか………」

と一縷《いちる》の望みをかけた。

願書提出から数週間後、結果が出た。

「一次試験、通った!!!!」

何度もEmailを読み返して、誤りでないのを確かめる。

「奇跡って起こるもんだな〜」

ＰＣを目の前に放心状態のまま動けなかった。

「スコアの低いあなたを選ぶ理由を教えてください」

二次試験は、面接だった。

ＭＢＡプログラムの入試面接は会社面接と同じように

"Tell me about yourself."

あなたについて教えてください

"Why do you want to receive an MBA? Why now?"

なぜMBAを取得したいのですか？　なぜ今ですか？

“Tell me about a time you demonstrated leadership skills.”

あなたがリーダーシップを発揮した経験を話してください

など経歴だけでなく、リーダーとしての素質や、就職先での苦悩などを質問されるという。

私は25歳、MBAプログラムの平均年齢は28歳だったため、ほかの応募者よりも経験値が低いのは一目瞭然だった。ただ単に働いた経験を語っても不十分。よって数年前から始めていたSNS上での活動をメインに話し、他者との差別化を図ることにした。

面接当日、久しぶりにペンギンスーツを身に着け、会場へ向かう。

面接官は、前々からよく相談に乗ってくれていた顔見知りだった。

質問に卒なく丁寧に答えていったが、最後に彼女は「あなたのスコアは正直、ほかよりも低いです」「それを差し置いてもあなたを取るべき理由はなんですか？」と爆弾を落とした。

「来たか……」、深呼吸してから、

「そうですね、確かにスコアで言えば私の点数は平均点にも達していません。ですが、提出したResumeを見て頂いてもわかるように、SNS上の経験値は出願者の誰よりも高いと思います。これからはネットやソーシャルメディアの時代。最新分野で知識の高い私を受け入れることは、ほかの学生のよい刺激になると思います」

すると面接官は「マーケティング修士でもよいと思われますが、なぜMBAなのでしょうか?」と質問し、即座に「私は17歳のときから、アメリカでMBAを取得するのを目標にここまで頑張ってきました」「ぜひ、ご検討頂ければ幸いです」と頭を下げ、「以上です、ありがとうございました」との言葉を最後に面接が終了した。

そして数週間後……私の元に**合格通知**が届く。

晴れてMBA学生?

2018年9月、私は晴れてMBAプログラムの受講生になった。

オリエンテーションの際、ほかの学生がGMATでの点数を話題にしており、「僕は

650点」「私は平均ぐらいだったかな〜」と話していたのを聞いて、「なんで私、受かったんだろう……?」と不思議でならなかった。

授業が始まる。

2018年のMBAフルタイムプログラムのメンバーは合計で30人。男女比率は7:3で、1年間はこのメンバーで固定されるらしい。その後、授業内容と時間帯が書かれたスケジュール表を渡されたが、その内容に仰天した。なんと、半セメスター(1ヶ月半)で終わる授業を含めると一学期だけで10教科は超えている。最高、5教科しか取ったことのない私は、「大丈夫か」とたじろいだ。

そして地獄のような一学期が始まった。

それは私だけでなくほかの受講生にとっても同様らしく、全員が寝る間も惜しみながら課題をこなす日々となった。

ほぼグループワーク中心のMBA授業

MBAの授業は面白いほどにディスカッション、グループワーク、そしてプレゼンだけで構成されていた。

課題が出れば、次の授業はそれについてのディスカッション。

終われば、グループワーク。

期末テストはそのグループ全員でのプレゼンで成績が出る。

例外はあれど、ほぼ9割の授業が同じルーティーンで進んでいくようだった。一人の教授が「社会に出ればほとんどが他人とのコラボレーションだけで物事が進む。MBAではグループメンバーとのコミュニケーション力も勉強の一つだ」とオリエンテーションで説明していたが、ここまでグループワーク中心だったとは想像もしていなかった。

私はグループワークによい思い出がない。

短大時代も、ユニバーシティ時代もグループメンバーの一定数が仕事をせず、最終的にメンバーの2割が課題をこなす羽目になる。「面倒だな」と感じたが、そのお定まりは大学院には存在しなかった。学生全員が少なくとも2年以上の実務経験がある大人、グループワークで仕事をしていない人はいなかった。割り当てられた課題は全員がきちんとこなし、早く終わった学生の中には「何か手伝うことある？」とグループの誰かをサポートする人もいた。

周りよりも英語力が著しく低い私は、割り当てられた仕事を誰よりも早く終わらせ、パワポの作成などビジュアル面で強化が必要なところを先回りして手助けするように心がけた。

多くのグループメンバーが仕事をしながら大学に通っていたため、些細なフォローも有り難く思ってくれ、以前のように惨めな思いをすることは一切なかった。

自分の弱みは強みに変えられない。

だが得意な部分で誰かの力になるのは十分可能なのだ。

それからは、グループワークもディスカッションも苦ではなくなり、むしろディスカッションがないと授業は楽しくないし、グループワークがあると課題を一人でこなさなくて済むから楽だなと思うようになっていた。

大好きな授業と経験値

2年目になると、必須科目を終え全てがエレクティブ（選択科目）になり、それぞれ関心がある分野を中心にスケジュールを組むようになる。

その中でも私が一番好きだったのはEntrepreneurship Overviewというクラスで、教授は10億以上の資産を動かす投資会社の現役社長だった。彼は『実践だ』と自身の会社で起こった問題を授業の冒頭に持ち込み、根本的な原因の究明、解決方法、そして今後の課題について学生に質問をぶつけた。

私含め受講生皆が、「素晴らしい観点だね」「いい質問だ」との一言を得ようと必死になって考え、発言する。授業の一環としてビジネスアイディアをグループでプレゼンする際は、彼の鋭い観点からくる質問に自分自身の経験値の低さが明らさまになり、（良い意味で）心がえぐられる気分だった。

だが中には「この講義に授業料を出すのは……」と思わざるをえないクラスもあり、70代後半の教授がエクセルを紙上で教え始めたときには、クラス全員からブーイングの嵐だった（結局、その教授は無理矢理リタイアさせられたらしい）。

クラスにはアタリとハズレ両方ある。

そして『後悔』とまではいかないが、ＭＢＡを取得するうえで感じたのは『職務経験が少ないのはディスカッションに響く』ということだ。30代、40代の人の意見はやはり論点がしっかりしており、経験からくる思考力と決断力は私とは比べ物にならなかった。「ちゃんとした意見が言えれば」と苦い思いをしたことも少なくないが、それも私が選んだ道。

「これから実践を積んでいこう」と自分を奮い立たせた。

そして私の経験は、周りに何かしらのポジティブな影響を与えていたと思う。あるマーケティングの教授には「インプットが欲しい」と数回オフィスに招待され、授業のＷｅｂ展開を手助けし、ＳＮＳに力を入れようと考えている学生／スモールビジネスのオーナーとは様々な意見を交わしながら切磋琢磨した。

人生には無駄なことはないのかもしれない。

そして私は、２０２０年冬、２年のプログラムを無事終了。

晴れて、17歳のときから目標にしてきたＭＢＡ（経営学修士）を取得した。

新型コロナウイルス感染拡大の影響で、残念ながら卒業キャップを空高く投げることは叶わなかったが、私はこの上ない充足感に包まれていた。17歳という若さでアメリカに飛び立ってから、早10年……。

幾度となく襲いくる、悔しさ、虚しさ、寂しさ、恐怖、憎悪、劣等感、そして敗北感の雨に打ちのめされそうになったが、垣間見える晴空のような、人の優しさ、おおらかさ、温かさ、正義感、愛情、そして慈愛に助けられ、希望を捨てず前へ進むことができた。

勢いで買ってしまった片道切符を見て今思うのは、きっとこれからも雨はさまざまな様相で私の人生に降り注ぐだろう。

だが、いつかそれらでさえも、愛おしいと感じられる日が来るのかもしれない――。

わたしはアメで、明日は晴れで

長いようで、短い旅だった。

多くの人と出会い
助けられ
裏切られ
そして見い出され……

世界は幼子だった私が想像していたよりも広大で豊かだったが
それと同じぐらい狭小《きょうしょう》で貧しく、残酷だった。
「楽園」と信じていた国は、自国同様、数多くの問題を抱え、
そこに住む青、緑、茶色の瞳を持つ人々は
私とさほど変わらない。
苦しみ
悲しみ

そして痛みを一身に背負いながら
人生という大河をさまよっていた。

私自身、この旅路を通して
身の丈よりも大きな存在になれると信じていたが、
結局、それ以上にもそれ以下にもなれない
只の凡人だったと思い知る。

だがそれは悲しい現実ではなく、
むしろ心地よい気づきであり、
「理想」からの解放でしかない。
私は、私にしかなれなかったのだ。

朝凪——志喜屋成海

NARUCHAN HISTORY

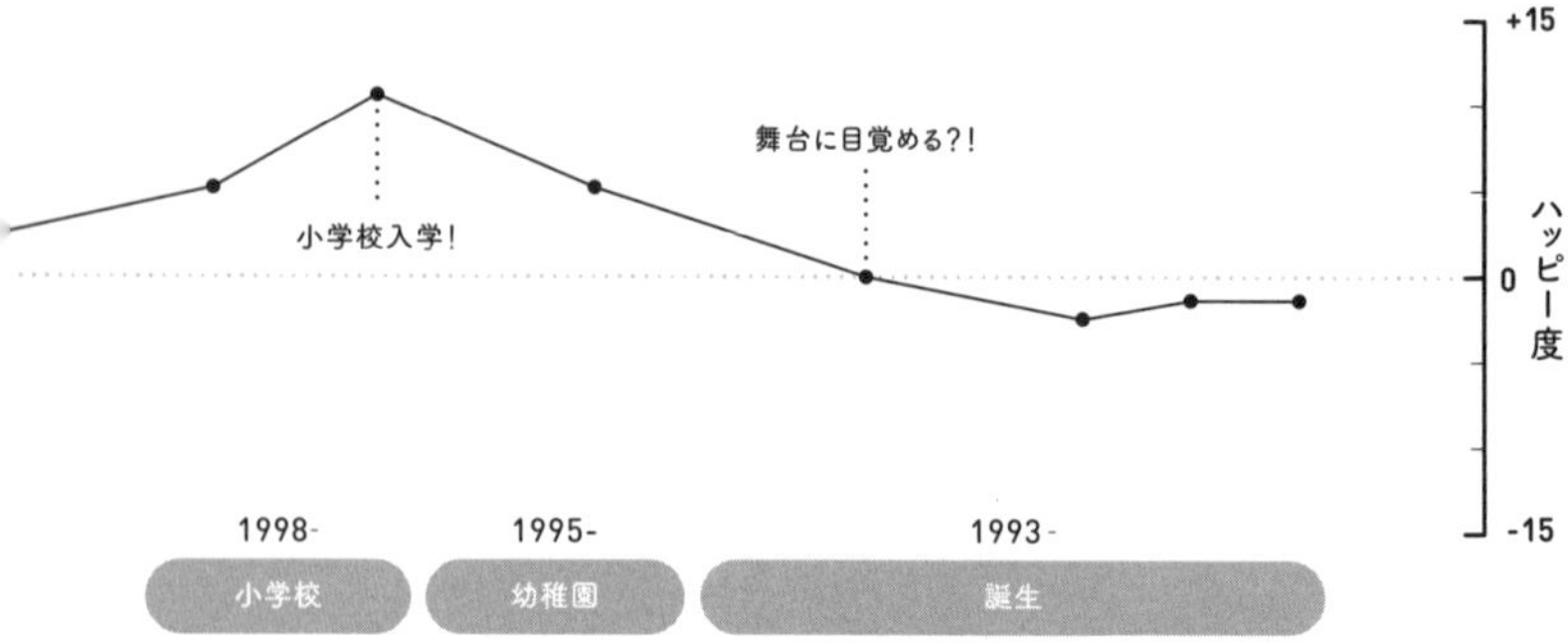

生後6ヶ月
●麻疹に罹患する（あまりにも酷く、死んでしまうかと思ったらしい by母）

1歳2ヶ月
●水疱瘡に罹患する

生後〜2歳
●泣き虫、人見知りで家族（父・母・兄）以外に笑いかけない
●泣き止まず、オバァに神宮でお祓いをしておいでと行かされる
●**夜泣きがまる3年間続く**

3歳
●誕生会のあと、泣き虫期が終了
●保育園のお遊戯会で**初めて笑顔で踊る姿を見た母が号泣**
●舞台で表現することに目覚め、少しずつ個性を発揮
●「ナルミさんはパフォーマンスをさせた方が良い」と先生に言われる

5歳
●入学式でクラス別の先生の自己紹介の後、挙手。「あなたは、何の先生ですか?」と自己紹介をしていない先生に質問。母や皆を驚かせる（教頭先生だったらしい）
●お遊戯会の「小人と靴屋」でお祖父さん役を熱演

1年生
●田舎の学校で**裏番長になり、調子に乗る**
●昼休みは男友達に混ざり、おんぶ相撲など豪快に遊ぶ

4年生
●学校を転校（違う環境に戸惑う）
●舞台に参加する

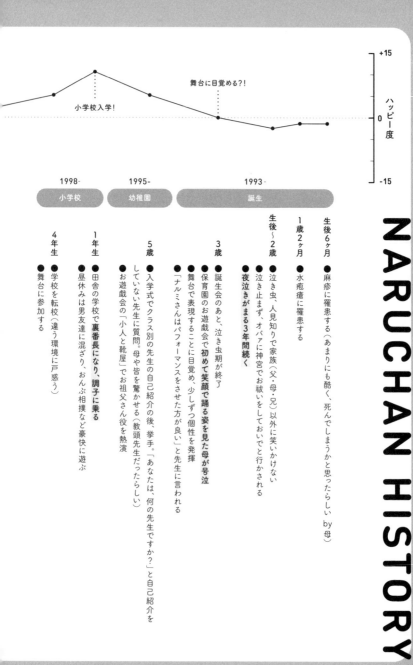

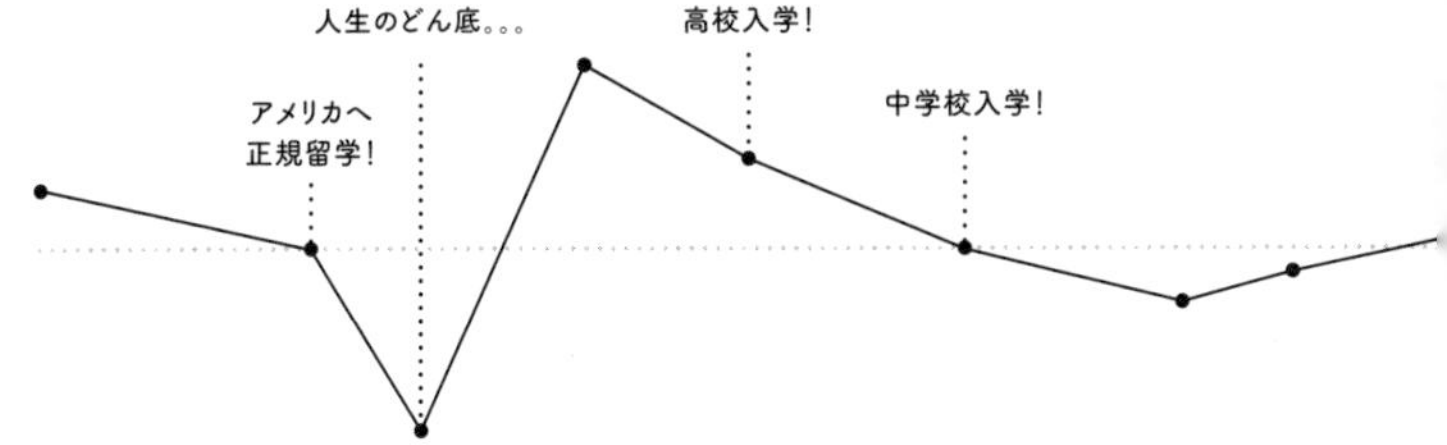

2010-（アメリカ生活スタート！） 短大生
2007- 高校
2005- 中学校
2003- 小学校

5年生
●参加した舞台でハワイ公演に行くも、友達に完全無視され**人間不信に**

6年生
●学校や派遣された旅先で仲間外れなど、**初めていじめを経験**する
●学校に行きたくない日々が始まるが、負けず嫌いの性格が支える
（**人間不信が悪化する**）

1年生
●学区域の影響で、小学校のほとんどの生徒と離れる
●小学校から参加していた舞台で2度目の海外公演（LA）へ
●テニス部に入部。新しい人間関係を築き、少しずつ環境が好転

1年生
●**頑張って当時人気の高かった高校に入学する**
●同級生の留学に触発され、奨学金取得のため部活を辞める

2年生
●英語の勉強と新しい舞台（小、中学校時代とは別の作品）の練習に明け暮れる
●舞台でLA公演

3年生
●8月、**アメリカへ留学**

18歳
●高校留学のときの単位を変換し、9月にひとり終業式
●住んでいた地域の奨学金にアプライ、応募者が1人しかおらず**奨学金をゲット**
●9月、ワシントン州のコミュニティカレッジがオファーしているESLをへて、カレッジに正規留学
●コミュニティカレッジ生活を謳歌する

19歳
●**貧乏生活**がスタート

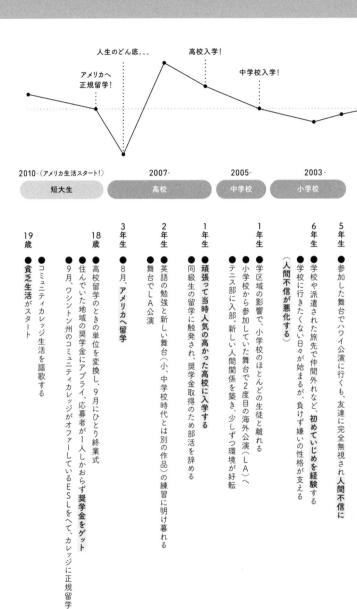

NARUCHAN HISTORY

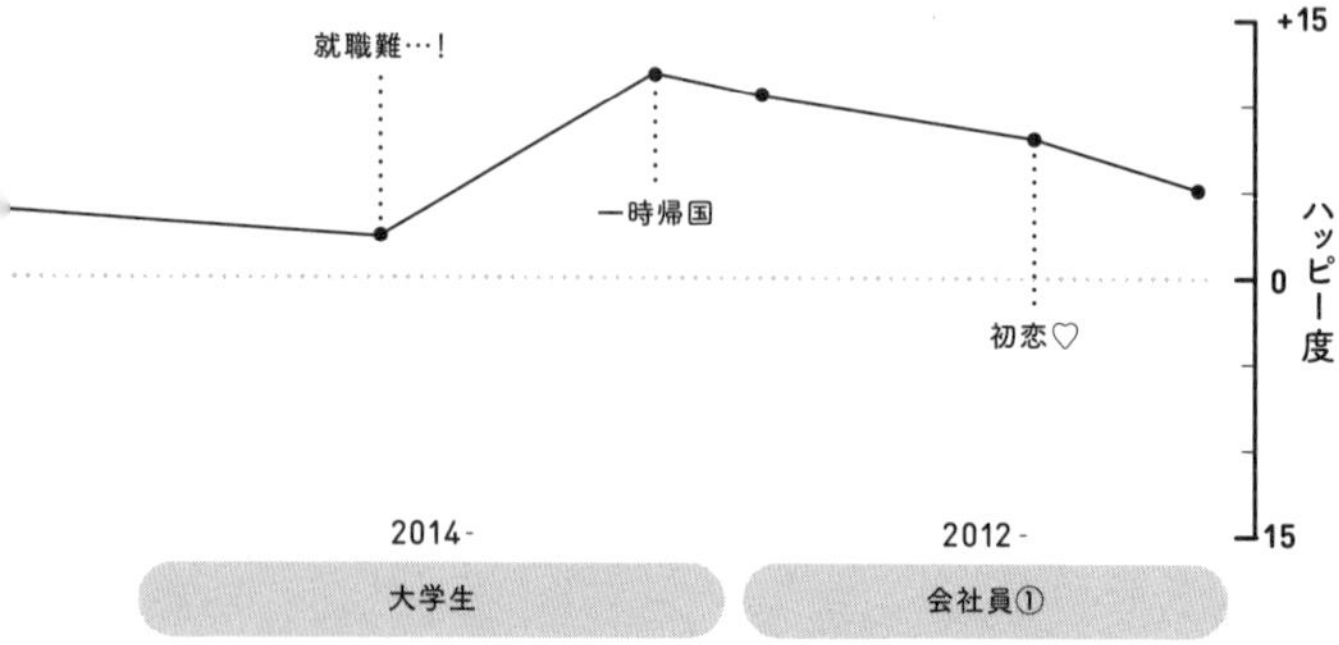

20歳

●コミュニティカレッジを6月に卒業

●アメリカで車の免許を取得（筆記試験と実地試験、合計40ドルを払い一発で合格）

●だがディーラーに騙されボロ車を買わされる（ボロ車を売り払い、トラックへ）

●アメリカの会社に入社、訪問販売員として1年間みっちり仕事をする

20歳6ヶ月

●**初めて恋に落ちる**

●雨の日も、風の日も、雪の日も、猛暑の日もひたすら歩き回ってワシントン州にあるネイバーフッドのドアを叩きまくる

21歳

●1年契約終了、ラスベガスへ

22歳

●誕生日を迎えた直後、帰国

●彼氏が忘れられず、**世界一不純な理由でアメリカの大学進学を決意**、2ヶ月後アメリカに戻る

●University of Nevada, Las Vegasに入学（ベガスにはそこしか大学がなかった）。最初のセメスターで、苦労する

23歳

●ユニバーシティの生活に少しずつ慣れる

●彼氏との関係が悪化

●6月、デニスに出会う（があまり話はしない）

●9月1日、彼氏が転勤、泥沼恋愛に終止符が打たれる

●卒業を控え、仕事を探し始めるも、**一人就活難に陥る**

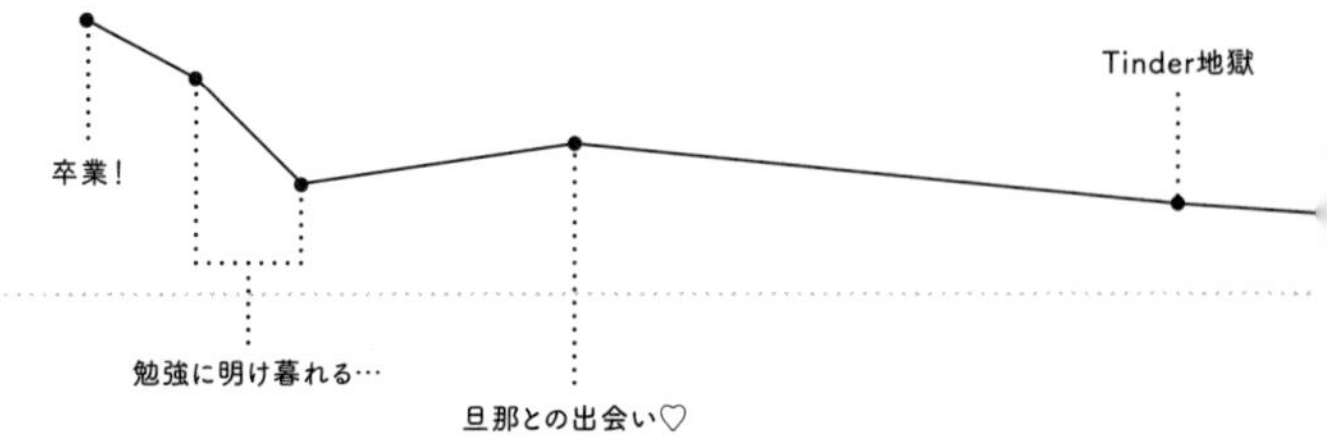

2016-
会社員②

2018-
大学院生

24歳

●11月ボストンキャリアフォーラムで、シノブさんの勤める会社に**就職決定**

●野外活動の時間がデニスとの距離を縮める

●12月、ユニバーシティを卒業（卒業式は参加しない決断）

●**5日間限定の恋（デニスと付き合う）**

●1月7日、シノブさんの住むヒューストンに移住

●1月20日、元彼とNYのバーで再会。**魔法が解ける**

●4月、研修のため、帰国（1ヶ月間、新小岩に滞在）

●6月、このまま3年ほど職務経験を積むか、大学院に進学するかを真剣に考える

●その間、シノブさんに感化されデーティングアプリの世界へ。**Tinder地獄に陥る**

25歳

●1月6日をもって退社。勉強が間に合わず、The University of HoustonのUndergraduate プログラムを受講（現代文学やシェークスピアについて学ぶ）

●**ジェイコブ（旦那）に出会う**

●ダメもとでGMATを受け、大学院に提出。**奇跡的にアクセプトされる**

26歳

●大学院生1年目、勉強に明け暮れる

27歳

●大学院生2年目、勉強に明け暮れる

28歳

●パンデミックの影響で全ての授業がオンラインになる

●12月、大学院を卒業（コロナのせいで、卒業式ができないまま卒業を迎える）

なるチャン

YouTuber。ポッドキャスター。1992年、沖縄県生まれ。17歳で県費海外留学で渡米。1年間の留学を経て帰国するが、英語習得への後悔が残り再び渡米。短期大学、アメリカ企業でのインターン、4年制大学へ編入、大学院と、アメリカ生活を続ける。留学を考える人へのアドバイスができればと、YouTubeを始める。アメリカ在住ならではの失敗談や国際恋愛についてなどを赤裸々に語る動画も人気。現在は、YouTube、Podcast（シノブとナルミの毒舌アメリカンライフ）、オンラインサロンなど、幅広く活躍。

NARUCHAN

私《わたし》はアメで、明日《あした》は晴《は》れで

2023年5月24日　初版発行

著　なるチャン

発行者　山下直久

編集長　藤田明子

デザイン　soda design（柴田ユウスケ、竹尾天輝子）

編集　ホビー書籍編集部

発行　株式会社KADOKAWA
〒102-8177　東京都千代田区富士見2-13-3
電話：0570-002-301（ナビダイヤル）

印刷・製本　図書印刷株式会社

●お問い合わせ
https://www.kadokawa.co.jp/（「お問い合わせ」へお進みください）
※内容によっては、お答えできない場合があります。
※サポートは日本国内のみとさせていただきます。
※Japanese text only

Printed in Japan

ISBN 978-4-04-736959-7　C0095

JASRAC 出 2303036-301